四川省哲学社会科学研究"十三五"规划重点项目"四川省网信企业'非洲大陆自由贸易区'进入战略研究"（项目批准号：SC20A005）结项成果

电子科技大学
西非研究系列丛书 | 主编 赵蜀蓉

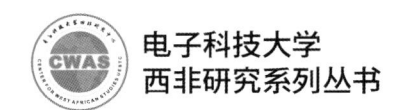

中国网信企业
走进非洲大陆自贸区

——以四川省为例

赵蜀蓉 著

The Chinese E-Business Journey into AfCFTA

Evidence from Sichuan Province

中国社会科学出版社

图书在版编目（CIP）数据

中国网信企业走进非洲大陆自贸区：以四川省为例 / 赵蜀蓉著 . —北京：中国社会科学出版社，2023.11

（电子科技大学西非研究系列丛书）

ISBN 978-7-5227-2674-8

Ⅰ.①中… Ⅱ.①赵… Ⅲ.①自由贸易区—研究—非洲 Ⅳ.①F114.43

中国国家版本馆 CIP 数据核字（2023）第 205215 号

出 版 人	赵剑英
责任编辑	周　佳
责任校对	胡新芳
责任印制	王　超

出　　版	中国社会科学出版社
社　　址	北京鼓楼西大街甲 158 号
邮　　编	100720
网　　址	http://www.csspw.cn
发 行 部	010-84083685
门 市 部	010-84029450
经　　销	新华书店及其他书店
印　　刷	北京君升印刷有限公司
装　　订	廊坊市广阳区广增装订厂
版　　次	2023 年 11 月第 1 版
印　　次	2023 年 11 月第 1 次印刷
开　　本	710×1000　1/16
印　　张	12.25
插　　页	2
字　　数	195 千字
定　　价	66.00 元

凡购买中国社会科学出版社图书，如有质量问题请与本社营销中心联系调换
电话：010-84083683
版权所有　侵权必究

序　言

赵蜀蓉教授的著作《中国网信企业走进非洲大陆自贸区——以四川省为例》出版了，这是一件大好事。为什么？我总是说，中非合作有五个基本事实是大家都承认的。

第一，中非关系快速发展引发国际社会广泛关注，这一点世所公认。中非合作领域不断扩展，合作质量不断提高，合作方数量不断增加，国际上的关切度也不断提升。2021年11月24日，在中非合作论坛召开的前几天，我收到彭博社负责中国政府团队的记者Jenni Marsh的电子邮件，她问我"为什么今年的中非合作论坛在外交上被降级？"（"Why is this year's FOCAC downgraded diplomatically?"）。她的根据有两点：一是尚无非洲首脑表态要参加；二是她听说论坛由塞内加尔外长主持开幕。实际上，中非合作论坛非方共同主席国塞内加尔总统萨勒现场出席并主持开幕式。刚果民主共和国总统齐塞克迪、埃及总统塞西、科摩罗总统阿扎利、南非总统拉马福萨、非盟委员会主席法基和联合国秘书长古特雷斯以视频方式参加会议。53个非洲国家外长和负责对外经济合作事务的部长或代表以及部分国际组织和地区组织代表现场参会。习近平主席以视频方式出席开幕式并发表主旨讲话，王毅外长亲赴塞内加尔出席会议。当然，后来的论坛并非像这位西方记者无端猜测的那样，但她这种恶意诋毁的行为实在令人气愤。

第二，中国的发展道路向非洲国家提供了新的选择。中国经济发展很快，当然也不断产生新的问题。大多数非洲国家一直模仿西方的发展模式，但对全民生活水平的提高成效不大，国力增强的进展不显著。中国的发展道路有其特殊性，政治制度与诸多非洲国家存在差异，但一些非洲国家愿意向中国学习发展经验，这毕竟是一种新体验和新选择。

第三，中国在非洲的基础设施建设对各方有利。基础设施的改进对非洲人民有利，对非洲政府有利，对中国有利，对世界各地的投资者有利，对到非洲的旅游者有利……这一点也无法否认。

第四，中非关系在非洲引起的反馈总体而言是正面的。这一点可以从历年皮尤（Pew）研究中心有关中国印象问题（The Opinion of China）的调查中看出来。此外，研究机构"非洲晴雨表"（Afrobarometer）的民调对这一问题也一直呈正面反应。其他类似的民调，如2017年麦肯锡的调查报告、2022年肯尼亚的民调等反映出非洲民众普遍对中国有好感。

第五，中非关系呈现一种看似矛盾的现象。一方面，中非关系的长足进步。中国是非洲最大贸易伙伴，中国是非洲最大承包商，中国对非投资快速增长，中国医疗队遍布非洲，中国援建诸多非洲学校，中国超过美国和英国成为以英语为母语的非洲留学生的首选目的国，等等。另一方面，双方相知甚少。一方面是中非关系的全面快速发展，另一方面是中国与非洲民众相互了解较少。这是一个需要解决的问题。

这部著作的出版之所以重要，是因为它不仅表明了中非合作面不断拓宽，而且对中非双方互相了解也将是一个大大的促进。该书的出版还有另外两种意义，它不仅昭示着中国与非洲经贸合作的一种新形式，即网络信息通信领域合作的条件逐渐成熟，而且对于中国非洲研究而言，它标志着中国学术研究日益跟上国家建设和国际发展的步伐，为实施"一带一路"倡议这一现实目标服务，值得推荐和学习。

所谓"网信企业"，是指与网络与信息通信相关的企业，其服务范围涵盖了互联网服务，如电信运营和宽带服务、互联网平台和应用、电子商务、云计算和大数据、互联网金融和支付以及网络安全服务等广泛的领域。随着中国发展步伐的加快，这些企业不仅在互联网行业扮演着重要的角色，推动着信息技术的全面发展和互联网的日常普及应用，而且在中国经济和信息产业的国际化方面产生着日益重要的影响。

该书选取四川省网信企业为研究对象，聚焦网信企业走进非洲大陆自贸区面临的机遇与挑战，通过实证研究，提出对策建议。除了绪论，该书主要包括四章。第一章叙述了本书的两个主题：以四川省网信企业为例的中国网信企业和非洲大陆自贸区。第二章剖析了四川省网信企业走进非洲大陆自贸区的机遇、风险和制约因素，也是值得中国网信企业认真对待的问题。第三章的"调研与分析"是本书的主要部分，其中又以第二节"调研实施"为核心内容，约占全书篇幅的1/3。作者用"基于最优最劣多准则决策法的调研"对八种风险进行了分析，即政府网络安全审查风险、跨境支付风险、技术风险、社会风险、制度风险、法律风险、市场风险和政治风险。分析的数据来自对四川网信企业和非洲合作方的调研结果。例如，在调研"网信企业走进非洲大陆自贸区在政府网络安全审查方面存在的风险"这一问题时，非洲接受访谈者回答：相当多的非洲国家缺乏相应的数据监管政策"来支持和保障数据的隐私和安全"。这一看法直接指出了当前网信企业与非洲方面合作经营时遇到的困境之一。非洲访谈对象主要来自西非的加纳和东非的肯尼亚两个国家。由于访谈者多为合作的参与者，对各种风险有切身体会，这一调研的结果既有可信度，其参照意义也非常明显。第四章为中国网信企业走进非洲大陆自贸区的战略定位和策略建议。无论是战略定位还是策略建议，作者都分了政府和企业两个层面。其中有关策略建议中提到的各种措施，值得中国网信企业参考。

　　四川是中国的大省，在国家诸多经济生产领域和国际合作方面起着排头兵的作用。然而，四川与非洲的合作目前集中在农业、交通设施和能源供应等方面，高新技术包括网络信息通信方面的合作还有待进一步拓展，这种情况实际上在全国都比较普遍。非洲大陆自贸区的建立为中国企业走进非洲提供了极好的机遇，在各方面做好准备并提高风险防范意识的情况下，中非网络信息通信合作正逢其时。赵蜀蓉教授的这部著作对于中国网信企业走进非洲大陆自贸区具有极重要的参考价值。

　　是为序。

李安山

2023年10月28日

目　录

绪　论 …………………………………………………………… （1）
　　第一节　网信企业概述 …………………………………… （1）
　　第二节　企业国际化概述 ………………………………… （4）
　　第三节　研究方法 ………………………………………… （14）
　　第四节　研究内容、思路与研究创新 …………………… （18）

第一章　四川省网信企业与非洲大陆自由贸易区概述 ……… （22）
　　第一节　四川省网信企业概况 …………………………… （22）
　　第二节　非洲大陆自由贸易区 …………………………… （36）
　　第三节　四川省网信企业投资非洲市场概况 …………… （49）

第二章　四川省网信企业走进非洲大陆自由贸易区的发展机遇、
　　　　潜在风险和制约因素 ………………………………… （55）
　　第一节　四川省网信企业走进非洲大陆自由贸易区的
　　　　　　发展机遇 ……………………………………… （55）
　　第二节　四川省网信企业走进非洲大陆自由贸易区的
　　　　　　潜在风险 ……………………………………… （63）
　　第三节　四川省网信企业走进非洲大陆自由贸易区的
　　　　　　制约因素 ……………………………………… （74）

第三章　四川省网信企业走进非洲大陆自由贸易区的
　　　　调研与分析 …………………………………………… （80）
　　第一节　调研设计 ………………………………………… （80）

第二节　调研实施 …………………………………………（83）
第三节　调研结论 …………………………………………（139）

第四章　中国网信企业走进非洲大陆自由贸易区的战略定位与策略建议 ………………………………………（142）

第一节　中国网信企业走进非洲大陆自由贸易区的战略定位 ……………………………………………………（142）

第二节　中国网信企业走进非洲大陆自由贸易区政府层面策略建议 ……………………………………………（151）

第三节　中国网信企业走进非洲大陆自由贸易区企业层面策略建议 ……………………………………………（154）

主要参考文献 …………………………………………………（159）

附　　录 ………………………………………………………（165）

后　　记 ………………………………………………………（187）

绪　　论

第一节　网信企业概述

一　网信企业的概念

网信企业，即与互联网和信息化相关的企业，可分为创新型、虚拟型、知识型和全球化型等类型，具有数字性、全球性等特征。互联网企业主要包括搜索引擎、综合门户、电子商务和即时通信等企业，信息化企业主要包括信息通信、信息技术等企业。简言之，网信企业包括互联网、信息设备制造、信息传输、信息技术服务等领域的企业。[1] 马格尼托哥尔斯克国立技术大学的 G. I. Nosova 教授等对网信企业安全系统进行了详细的评价，并提供了指导意见。[2] 作为新技术、新产业、新业态的代表，网信企业引领着经济发展的新潮流。

---

[1] 《中央网信办和中国证监会联合发布〈关于推动资本市场服务网络强国建设的指导意见〉》，2018 年 4 月 3 日，中国网信网，http://www.gov.cn/xinwen/2018 - 04/13/content_5282838.htm。

[2] N. Y. Saigushev et al. , "Information Systems at Enterprise. Design of Secure Network of Enterprise", *Journal of Physics Conference Series*, Vol. 1015, No. 4, May, 2018, pp. 42 - 54.

以互联网为代表的网络信息技术深刻改变着全球经济格局、利益格局和安全格局，[①] 这表明网信类企业正迈入高质量发展新阶段。根据中国互联网络信息中心（CNNIC）在京发布的第 47 次《中国互联网络发展状况统计报告》，自 2013 年起，中国已连续八年成为全球最大的网络零售市场。随着以国内大循环为主体、国内国际双循环相互促进的新发展格局的加快形成，在国内国际双循环方面，跨境网信企业在稳定外贸方面发挥着重要作用。[②] 截至 2022 年 6 月，中国网民规模为 10.51 亿人，互联网普及率达 74.4%。同时，中国互联网上市企业在境内外的总市值达 16.80 万亿元人民币。中国网信独角兽企业总数为 207 家，从企业所在城市来看，北京、上海、广东、浙江等地集中了约八成互联网上市企业和网信独角兽企业。随着中国资本市场体系的逐步完善，市场包容度和覆盖面将不断增加，更多地方政府也正积极培育本地创新创业公司及独角兽企业。从行业分布来看，中国 50% 以上的网信独角兽企业集中在电子商务、企业服务、汽车交通、金融科技和医疗健康五个行业。[③] 中国正从网络大国向网络强国迈进，在互联网、信息设备制造、信息传输、信息技术服务等领域，涌现出一大批创新型和国际化网信企业。其中，互联网典型企业包括阿里巴巴、京东、百度、腾讯和网易等。信息通信技术及信息通信产业典型企业包括中国移动、中国电信、中国联通、华为和中兴等，这些企业的兴起和发展有效拓展了中国经济发展新空间，助力中国向网络强国迈进。

二　网信企业的分类

关于网信企业的分类，美国硅谷的互联网研究中心与英国国家网络安全中心（NCSC）将网络行业划分为四个层面，分别是互联网基础设施

[①] 晁瑞昌：《互联网公司的股票价格预测研究》，硕士学位论文，东北财经大学，2012 年。
[②] 《CNNIC 发布第 47 次〈中国互联网络发展状况统计报告〉》，2021 年 2 月 3 日，中国政府网，http://www.gov.cn/xinwen/2021-02/03/content_5584518.htm。
[③] 网信独角兽企业指在最近一次融资时，企业估值超过 10 亿美金的新生代未上市网信企业。定义的标准同时参考了创业企业的融资数据和一级市场主流投资机构对项目认可的估值水平。

层、互联网基础应用层、电子信息媒体层和电子商务层。① 这是国际社会较早对于互联网行业范围的界定。从经济学角度为互联网行业的定义赋予普适性,互联网企业包括连接设备提供者、互动服务提供者和网络内容提供者。②

网信企业在中国互联网和信息化建设中不断进行技术和商业模式创新,形成了各具特色的发展模式和企业类型。互联网企业包括互联网接入提供者、互联网服务提供者和互联网内容提供者。③ 按照产业协作关系,可将网信企业分为三种类型,分别是基础层网信企业、应用层网信企业和终端层网信企业。第一类是基础层网信企业,提供互联网基础设施、网络接入服务以及网络基本硬件产品,这类企业是整个网信产业的基础,构筑了网信基础运营环境,例如中国移动(CMCC)、中国联通(CU)和中国电信(CT)三大电信运营商。第二类是应用层网信企业,为客户提供互联网软件及配套服务,主要从事网络应用设备的生产和开发,并提供技术咨询、创新等服务,④ 例如微软和IBM等操作系统和软件企业。第三类是终端层网信企业,以电子商务和内容服务为代表,这类企业主要通过网络平台提供相应的基础及增值服务以吸引更多用户,比如BATJ(百度、阿里巴巴、腾讯、京东)等。这三类网信企业之间存在着密切关系。基础层网信企业是基础,它构建了网络整体的大环境,为应用层、终端层移动网信企业提供服务;应用层网信企业在整体网络的基础上提供衍生服务,主要服务于终端层移动网信企业;⑤ 终端层网信企业是基础层和应用层网信企业的主要市场,它是与最终消费者直接接触

---

① L. Leydesdorff, I. Rafols, "Local Emergence and Global Diffusion of Research Technologies: An Exploration of Patterns of Network Formation", *Journal of the American Society for Information Science and Technology*, Vol. 62, No. 5, March, 2011, pp. 846 – 860.

② A. Keen, "The Internet is Not the Answer", *Atlantic Books*, Vol. 25, No. 3, October, 2016, pp. 175 – 177.

③ 张素伦:《竞争法必需设施原理在互联网行业的适用》,《河南师范大学学报》(哲学社会科学版)2017年第1期。

④ 卢雨菲:《网络企业价值评估研究》,硕士学位论文,吉林大学,2012年。

⑤ K. Sheng-Pin, P. Horng-Linn, "Knowledge Should be Owned by Quality Practitioners in the IT age", *Journal of Traffic and Transportation Engineering*, Vol. 7, No. 1, 2019, pp. 38 – 50.

的界面。[1]

第二节 企业国际化概述

一 企业国际化的概念

企业国际化的研究兴起于20世纪60年代，企业国际化的出现与全球分工不断加强及生产社会化有密切联系。企业在国际市场上通过对生产因素进行重组，扩大销售量从而使得赚取的利润最大化。

关于企业国际化的概念，通过梳理国内外研究成果发现主要有以下几种观点。"企业国际化"这一概念最早由 Raymond Vernon 提出，其认为国际化是一个阶段连续性概念。[2] 从技术跨国转移的角度来看，"企业国际化"是在产品生命周期推动下，企业为了减少生产成本，逐渐从国内市场向海外市场扩张演变的结果。J. Johanson 和 J. E. Vahlne 的研究结论[3]与 Raymond Vernon 的研究相似，他们同样认为企业国际化是一个渐进演变的过程，组织结构的变化与重组使得企业能够稳步参与全球化经营进而提高企业自身在海外市场的参与度。Stephen Young 认为，企业国际化主要包括在海外经营所涉及的多种活动及表现形式，例如对外直接投资、对外贸易进出口、特许经营、技术推广与传播以及国际包销等。[4] M. Annavarjula 和 S. Beldona 把企业国际化定义为企业拥有海外资产，企业向海外投入资源来进行国际化经营以及组织结构、管理风格、战略定位的国际化导向。[5]

---

[1] 李伟华：《互联网企业商业模式比较研究》，硕士学位论文，河北工业大学，2014年。

[2] Raymond Vernon, "International Investment and International Trade in the Product Cycle", *The Quarterly Journal of Economics*, Vol. 80, No. 2, 1966, pp. 190–207.

[3] J. Johanson, J. E. Vahlne, "The Internationalization Process of the Firm: A Model Knowledge Development and Increasing Foreign Market Commitment", *Journal International Business Studies*, Vol. 8, No. 1, March, 1977, pp. 23–32.

[4] Stephen Young, "Foreign Multinationals and the British Economy: Impact and Policy", *The Economic Journal*, Vol. 99, No. 396, 1989, pp. 494–496.

[5] M. Annavarjula, S. Beldona, "Multinationality-performance Relationship: A Review and Reconceptualization", *International Journal of Organizational Analysis*, Vol. 8, No. 1, January, 2000, pp. 48–67.

M. D. Giulio 和 F. N. Moro 认为应当将企业国际化看作一种企业的国际战略，企业国际化战略有利于企业拓宽海外市场，赚取更大的利润。① M. Papanastassiou 等认为企业国际化就是企业的跨国经营活动。② 理查德·罗宾逊则指出企业国际化就是在产品和生产要素流动性逐渐加强的过程中，企业对国际化市场而不是对某一特定国家市场所做出的反应，即企业寻求融入国际市场的体现；③ Lawrence Welch 等提出，企业国际化可分为内向国际化和外向国际化两种类型，其中，内向国际化包括进口国外产品和技术、代理外国公司与合营合资等，外向国际化包括出口本国产品和技术、设立海外公司与国际合作等。④ 鲁桐与维尔斯观念相似，他认为企业国际化的本质是企业通过国际分工逐渐发展成为跨国公司的过程。⑤ 张方华和陈劲认为企业国际化是实现资源配置从国内市场延伸到国外市场的过程，包括营销国际化、资本国际化、人才国际化、生产国际化以及观念国际化等。⑥

虽然国内外学者对企业国际化的认知不同，但仍存在共通性，即企业国际化概念应具备以下要素：一是行为共通性，即企业参与国际分工与合作；二是空间共通性，即企业由国内向国际拓展经营业务；三是过程共通性，即企业面向全球开展研发、生产和营销活动。主要分为两个视角：一是空间范围，是指企业从国内市场向国外市场迈进，在全球范围内进行资源配置，进行跨国经营活动；二是活动方式主要是企业在自身经营基础上进行补充，例如出口、设计海外研发团队、投资建厂、跨国并购、建立海外分支机构等形式。

---

① M. D. Giulio, F. N. Moro, "The Internationalization of Network Industries: A Comparative Policy Analysis of Italian Railways and Utilities", *Comparative Policy Analysis: Research and Practice*, Vol. 18, No. 1, October, 2015, pp. 1 – 17.

② M. Papanastassiou, R. Pearce, A. Zanfei, "Changing Perspectives on the Internationalization of R&D and Innovation by Multinational Enterprises: A Review of the Literature", *Journal of International Business Studies*, No. 51, 2020, pp. 623 – 664.

③ ［美］理查德·罗宾逊：《企业国际化导论》，马春光等译，对外贸易教育出版社1989年版。

④ L. Welch, R. Luostarinen, "Internationalization: Evolution of a Concept", *Journal of General Management*, Vol. 14, No. 2, 1996, pp. 155 – 171.

⑤ 鲁桐：《中国企业海外经营：对英国中资企业的实证研究》，《世界经济》2000年第4期。

⑥ 张方华、陈劲：《基于能力的国际化战略》，《科学管理研究》2003年第1期。

二　企业国际化理论

　　企业国际化理论基于不同的分析视角已经形成了丰富、完善的理论体系。企业国际化理论的演变阶段大致可以分为传统国际贸易理论和跨国公司理论两个阶段。传统国际贸易理论基于商品的出口和进口形成了以"实力规模论"为基础的一系列理论。跨国公司理论通常都试图回答以下问题：企业为什么要国际化和如何实现国际化。[①] 基于企业国际化的主要方式（直接投资和技术转让），跨国公司理论形成了对外直接投资理论和以国际技术转让为基础的系列理论。同时，基于企业国际化发展的成长过程，跨国公司理论形成了以企业成长论为代表的一系列理论，如波特的五力模型、安索夫的企业成长战略选择理论等。

　　关于企业国际化，在市场经济发达国家的大型跨国企业的国际化实践的基础上已经形成了丰富的企业国际化理论。但考虑到非洲大陆自由贸易区的市场经济发展程度依然较低，本书主要采用与中小企业以及市场经济较不发达的地区相适应的国际化理论，且从企业主动适应环境的视角出发，选择相关理论用于研究分析。

（一）权变理论

　　权变理论认为企业的国际化模式依赖于环境，尤其是需求条件、产业结构和政府政策，当这些环境因素发生变化时，企业的国际化模式也发生相应的变化。[②] 权变理论包括三个基本部分：环境因素集合，即企业运行环境；机会，即可供企业选择的变量；企业决策标准，它反映了企

[①] J. C. de Correia Ricardo, Jorge Lengler, Asad Mohsin, "Entrepreneurial Approaches to the Internationalisation of Portugal's Hotel Industry", *International Journal of Contemporary Hospitality Management*, Vol. 31, No. 3, February, 2019, pp. 1141 – 1165.

[②] A. Safari, A. S. Saleh, "Key Determinants of SMEs' Export Performance: A Resource-based View and Contingency Theory Approach Using Potential Mediators", *Journal of Business & Industrial Marketing*, Vol. 35, No. 4, February, 2000, pp. 635 – 654.

业的管理偏好和企业资源分配。① 权变理论将企业看作一个开放的系统，企业国际化的方式是通过分析企业面临的内外部环境，结合企业的决策标准，制定备选方案并根据多维度的决策标准从备选方案中选择最佳方案。

权变理论基本上可以分为两大类：详细说明独立变量和非独立变量之间关系的条件模型；概念上的框架模型。②

条件模型首先规定独立变量和条件，然后探讨当条件得到满足后企业将采取的行动，其中以邓宁（J. H. Dunning）提出的范式（Eclectic Paradigm）最为有名。③ 国际生产折衷理论主张企业对外直接投资必须具备三种特定优势，分别是所有权优势、内部化优势和区位优势。此理论着重探讨三个变量间的相互关系，为阐明企业对外直接投资的动因提供科学依据。

概念框架模型则通过一系列概念描述了一个企业在进行战略决策时须加以考虑的环境，从而为企业国际化规定了一个行动空间。概念框架模型中的典型是"钻石模型"（Diamond Model）。④ 该模型认为，企业竞争优势的建立需要分析环境因素，如需求条件、产业结构、企业追求的战略等。环境因素限制了企业的行动空间，由于环境的复杂性，该模型并没有为企业国际化提供明确解决方案。

（二）企业国际化过程理论

国际企业成长的过程就是企业国际化发展的过程，基于这一点，企业成长理论通过分析企业的内部优势、成长机理、外部机会与企业的发

---

① 孔新川、吴结兵：《企业国际化理论述评》，《企业经济》2002年第8期。
② M. Ballard, D. Favero, L. Katzarkov, "Variation of Geometric Invariant Theory Quotients and Derived Categories", *Journal für die reine und Angewandte Mathematik（Crelles Journal）*, Vol. 1, No. 4, February, 2014, pp. 235 – 303.
③ J. H. Dunning, "The Eclectic Paradigm of International Production: A Restatement and Some Possible Extensions", *Journal of International Business Studies*, Vol. 19, No. 4, 1988, pp. 1 – 31.
④ M. Irfan et al., "Critical Factors Influencing Wind Power Industry: A Diamond Model-based Study of India", *Energy Reports*, Vol. 5, No. 7, November, 2019, pp. 1222 – 1235.

展战略，更具体、更直观地探讨了企业国际化的技术路径。① 企业国际化过程理论主要包括两个方面：国际化过程阶段理论和国际化过程制度理论。

1. 企业国际化过程阶段理论

企业国际化可以看作循序渐进的线性发展过程。基于此，国外诸多学者将企业国际化过程划分为诸如三个、四个或五个等多个连续的阶段。

安索夫（H. L. Ansoff）提出企业国际化过程三阶段论，认为西方跨国公司通常会经历出口、国际与跨国经营三个阶段。② 约翰森（J. Johanson）和瓦尔尼（J. E. Vahlne）提出企业国际化过程四阶段论，也称为乌普萨拉模型，认为企业会经历无国际化活动、依靠代理商出口、建立子公司出口和建立海外生产基地四个阶段。③ 小林规威提出企业国际化过程五阶段论，即以母公司为中心的国际化阶段、当地经营阶段、区域联系阶段、以全球战略进行跨国经营阶段以及全球战略经营的深化阶段。④ 理查德·罗宾逊提出企业国际化过程六阶段论，将其分为起步阶段（国内企业）、出口阶段（出口型企业）、国际经营阶段（国际企业）、多国经营阶段（多国企业）、跨国经营阶段（跨国企业）和超国界阶段（超国界企业）。⑤

2. 企业国际化过程制度理论

M. W. Peng 等将制度理论引入企业战略管理领域和国际商务领域，主要是分析制度因素对企业行为的影响，即制度环境与企业组织的互动关系。从宏观层面来看，制度理论主要用以分析国家层面的制度因素对本国企业和外来跨国公司行为的影响；而从微观层面来看，制度理论主要用以解释跨国公司对外直接投资的子公司如何获取母公司内部的合法性

---

① 张华容：《对企业国际化理论的反思及其价值认识》，《中南财经政法大学学报》2006 年第 1 期。
② H. L. Ansoff, *Corporate Strategy*, New York: McGraw – Hill, 1965, pp. 42 – 53.
③ Jan Johanson, Jan – Erik Vahlne, "The Internationalization Process of the Firm: A Model of Knowledge Development and Increasing Foreign Market Commitments", *Journal of International Business Studies*, Vol. 8, No. 1, 1977, pp. 23 – 32.
④ ［日］小林规威：《日本企业的海外经营之道》，花城出版社1998 年 12 月版。
⑤ ［美］理查德·罗宾逊：《企业国际化导论》，马春光等译，对外贸易教育出版社 1989 年版。

以及东道国制度环境下的合法性。[①]

就社会学视角而言，W. R. Scott 将制度的重要组成部分细分为管制制度、规范制度和认知制度。[②] 以 J. P. Dimaggio 为代表的学者早在 W. R. Scott 提出其理念之前，就已对三个概念分别进行了定义。其中，法律法规是管制制度的来源，具体而言，就是中央和地方层面政策制定机构颁布的法律法规和政策规章。规范制度的"规范"含有"规则、规定、准则"之意，主要涉及社会行为规范和各类职业或专业标准。认知制度则源于个体或集体对外部现实世界的感触、思考、理解和认知。[③]

就经济学视角而言，D. C. North 认为制度是人为设计的，不是自然而然形成的，其目的是推动人际沟通、交流和互动，此乃经济社会的"游戏规则"。制度不仅可以是正式的，即宪法、法律、规章等，还是可以非正式的，即行为、惯例、准则等。正式制度和非正式制度共同构成完整的制度体系，逐步建立起社会的"生存机制"。各类组织和个人均须遵循以上"合法性"，以有效配置资源，追求目标实现。[④]

对于制度的定义，社会学和经济学本质上是一致的，即管制制度与正式制度相似，规范制度和认知制度则对应于非正式制度。基于制度理论的视角，现有研究多数探讨"合法性"对企业行为的影响。为寻求"合法性"，组织会出现趋同性，甚至会呈现"制度化"。[⑤] 总之，组织"趋同性""制度化"出现的诱因有三，即强制机制、模仿机制和社会规范机制。[⑥] 当企业的行为符合内外部制度环境的"合法性"时，企业即拥

---

① M. W. Peng et al., "An institution: Based View of International Business Strategy: a Focus on Emerging Economies", *Journal of International Business Studies*, Vol. 39, No. 5, April, 2008, pp. 920 – 936.

② W. R. Scott, "Institutions and Organizations: Ideas, Interests and Identities", *Sage Publications*, Vol. 17, No. 2, Semptemper, 2013, p. 360.

③ J. P. Dimaggio, W. P. Water, "The Iron Cage Revisited: Institutional Isomorphism and Collective Rationality in Organizational Fields", *Journal of International Business Studies*, Vol. 39, No. 2, July, 2008, pp. 920 – 936.

④ D. C. North, *Understanding the Process of Economic Change*, Princeton: NJ, Princeton University Press, 2005, p. 200.

⑤ John W. Meyer, Brian Rowan, "Institutionalized Organizations: Formal Structure as Myth and Ceremony", *American Journal of Sociology*, 1977, Vol. 83, No. 2, pp. 340 – 363.

⑥ 徐明霞：《制度理论视角下企业国际化优势诠释》，《现代商贸工业》2016 年第 37 期。

有"合法性"优势,这也是企业国际化优势的重要来源。①

(三) 企业战略理论

"企业战略"的概念是随着产业革命和经济的发展而逐渐形成的。② 企业战略是组织中不同要素在特定条件下共同形成的"共同构造"。③ 具体而言,企业战略是指企业根据环境和需求的变化,依据自身实力和资源选择合适的经营领域,并打造核心竞争力,进而在差异化竞争中取胜。企业战略可以看作企业自上而下的整体性规划过程,也是企业各种战略的统称,比如竞争战略、发展战略、营销战略、人才开发战略和资源开发战略等。企业战略理论的发展分为三个阶段:第一个是早期战略思想阶段;第二个是传统战略理论阶段;第三个是竞争战略理论阶段。早期战略思想阶段:这一阶段虽然没有产生比较完整的战略理论,但是也有较为代表性的观点,比如法约尔提出了管理的五项职能;哈佛大学的安德鲁斯对战略进行了四个方面的界定,将战略划分为四个构成要素,即市场机会、公司实力、个人价值观和渴望、社会责任。传统战略理论阶段:1965 年,安索夫出版了第一本有关战略的著作《企业战略》,成为现代企业战略理论研究的起点。从此以后,很多学者积极地参与了战略理论的研究,形成了多种不同的流派,其中设计学派、计划学派、学习学派、定位学派是影响范围最大,在战略管理理论发展过程中也最具代表性的学派。竞争战略理论阶段:随着企业战略理论和企业经营实践的发展,企业战略理论的研究重点逐步转移到企业竞争方面,涌现出了三大主要战略学派,即行业结构学派、核心能力学派和战略资源学派。④ 当然,企业战略的内容会随着社会发展而不断丰富,例如在当今社会,信

---

① L. Manning, "Moving from a Compliance-based to an Integrity-based Organizational Climate in the Food Supply Chain", *Comprehensive Reviews in Food Science and Food Safety*, Vol. 19, No. 3, May, 2020, pp. 995 – 1017.

② 徐二明、王智慧:《企业战略管理理论的发展与流派》,《首都经济贸易大学学报》1999 年第 1 期。

③ Danny Miller, Peter H. Friesen, "Archetypes of Strategy Formulation", *Management Science*, Vol. 24, No. 9, 1978.

④ 项保华、李庆华:《企业战略理论综述》,《经济学动态》2000 年第 7 期。

息化战略也成为企业战略的一个重要方面。企业战略的内容虽然十分丰富，但都有相通的共性，即均是对企业整体性、长期性以及基本性问题的规划。因此，企业战略对于企业的成功而言至关重要，其目的在于开发企业的核心竞争力，是推动企业在竞争中夺取优势的利器。

（四）跨文化管理理论

企业国内化与国际化的根本区别是跨文化，跨文化的障碍是国际化经营中最难解决的问题之一。所谓跨文化管理，就是指企业在跨国经营过程中，对来自不同文化背景、不同种族、不同国家的组织成员进行协同管理的过程，并在此过程中有效解决文化矛盾和冲突，从而形成卓越有效的企业管理。[①] 在跨文化管理领域，G. Hofstede 等的研究分析理论是最具代表性和影响力的理论，也是目前应用最为广泛的理论。[②] G. Hofstede 认为，不同文化在权力距离、个人主义与集体主义、男性化与女性化、不确定性规避四个维度上各有不同。[③] 此后，又补充了长期与短期导向、放纵与自制两个维度。[④] 20 世纪 90 年代中期，Forns Trompenaars 等以著名心理学家 Talcott Parsons 的价值观取向与关系取向的理论[⑤]为基础，提出了国家文化的七个基本方面：普遍性与具体性；个人主义与集体主义；中立性与情感性；特殊性与扩散性；成就文化与归属文化；时间取向；环境氛围。[⑥] 此外，克里斯托弗·巴特利特等也

[①] 高臣、马成志：《"一带一路"战略下中国企业"走出去"的跨文化管理》，《中国人力资源开发》2015 年第 19 期。

[②] J. U. Sattorovich, "Intercultural Difference Parameters: Hofstede and Trompenaars Theories", *European Journal of Research and Reflection in Educational Sciences*, Vol. 8, No. 11, Janurary, 2020, pp. 115 – 124.

[③] G. Hofestede, *Culture's Consequences: International Difer-ences in Work-related Values*, Biverly hill, California: Sage, 1984.

[④] 张欣：《"一带一路"背景下中国企业的跨文化管理研究》，《经济研究导刊》2019 年第 18 期。

[⑤] Talcott Parsons, "Values and the Control of Social Behavior: The Case of Money", *Acta Psychologica*, Vol. 15, No. 2, 1959, pp. 619 – 624.

[⑥] Forns Trompenaars, "Riding the Waves of Culture, Understanding Culture Diversity in Business", London: *Nichoalas B-realey Publishing*, Vol. 3, No. 3, May, 1993, p. 389.

提出了跨文化管理理论，认为要对企业国际化的决策、组织、制度与流程及管理者的角色进行跨文化的改造与适应，并将其发展为国际企业的本土化战略。[1] 总之，跨文化管理理论从文化视角分析企业如何达到国际化的目的，开辟了企业国际化理论的新思路。

综上所述，企业国际化理论类型丰富、各有侧重。第一，运用权变理论可以帮助本书的主要研究对象（四川省网信企业）分析其内外部环境并精准制定最佳应对方案。第二，研究基于企业国际化过程理论，有利于梳理网信企业走向国际化的特征、机遇以及挑战。第三，企业战略理论是本书的重要理论基础，也是目前中国企业海外投资及风险防范的主要理论之一。该理论重点阐述了中国企业进行海外投资活动的战略问题，为研究网信企业走进非洲大陆自由贸易区所面临的机遇与挑战提供了理论指引，从而进一步从实践层面提出策略建议。第四，跨文化管理理论从文化视角出发，分析网信企业走进非洲大陆自由贸易区包括跨越经营理念、管理模式、组织制度等在内的企业文化障碍，为提升其跨文化管理水平、实现企业本土化提供了理论指导。因此，本书综合多种理论，为网信企业进入非洲大陆自由贸易区抓住机遇以及应对挑战提供理论指引，从而助力中国网信企业更好地实施海外投资并融入全球化。

三　企业国际化模式

企业国际化模式是指企业积极参与国际分工，由国内企业发展为跨国公司的不同路径选择。[2] 企业国际化模式也是在国际化理论的基础上发展起来的。

赵曙明等依据企业的内生和外生条件及国际化路径，将企业国际化的主要进入模式归为以下三类：第一类是贸易进入模式，包括直接

---

[1] ［美］克里斯托弗·A. 巴特利特、［美］苏曼特·高沙尔：《跨边界管理——中国公司经营决策》，马野青等译，人民邮电出版社2002年版，第412页。

[2] M. Das, K. Rangarajan, G. Dutta, "Corporate Sustainability in SMEs: An Asian Perspective", *Journal of Asia Business Studies*, Vol. 14, No. 1, January, 2020, pp. 109 – 138.

出口和间接出口,这是国际化最简便的进入模式;第二类是契约进入模式,主要包括特许生产、特许经营和外包,企业将其开发的专有技术以合作经营方式或委托方式转让给国外合作伙伴,允许其在合约严格约定条件和期限内使用;第三类是投资进入模式,包括企业进入和跨国并购。[1]

在贸易进入模式中,直接出口是指企业将产品直接销售到国外市场,可以将产品直接出售给海外代理商、经销商、零售商甚至是最终用户,也可以直接出售给企业在国外设立的分支机构并由后者就地销售。间接出口是指企业将产品通过中间商进入国际市场,生产企业本身不直接与国外客户或企业打交道。[2]

契约进入(又称非股权进入)模式是采用契约安排方式进入国外市场的模式,具体是指企业将拥有的专利、商标、技术、营销技能及管理模式等无形资产通过技术转让合同或特许权使用合同的方式转让给外国企业使用。[3] 它有多种具体的形式,而且富有较大的灵活性和实用性,主要有许可经营、合同制造、管理合同、技术合同、服务合同和非贸易安排等形式。

投资进入(又称股权进入)模式包括进行绿地投资、设立合资公司、进行跨国并购三种形式。绿地投资即投资主体在东道国设立所有权均归自己所有的企业,也被称为创建投资。合资公司是由两家公司共同投入资本成立,分别拥有部分股权,并共同分享利润、支出、风险及对该公司的控制权。跨国并购是指跨国兼并和跨国收购的总称,是指并购企业为了达到某种目标,通过一定的渠道和支付手段,将被并购企业的所有资产或足以行使运营活动的股份收买下来,从而对被并购企业的经营管理实施实际的或完全的控制。

由此可见,企业国际化可采取的模式多种多样,但是,网信企业在进入非洲大陆自由贸易区时,应该结合众多企业国际化理论,分析企业

---

[1] 赵曙明等:《企业国际化的条件、路径、模式及其启示》,《科学学与科学技术管理》2010年第1期。
[2] 夏正荣等编著:《跨国营销概论》,世界图书出版公司1998年版,第17页。
[3] 《国际市场进入方式及其选择》,2020年8月28日,MBA智库,https://doc.mbalib.com/view/fb7f6443c098f7c69d889447a3d6e228.html。

自身与环境的关系以及可能面临的各项风险，从而选择适合自己的国际化模式。非洲大陆自由贸易区的参与国家众多，经济、政治和社会发展水平各异。同时，网信企业国际化具有形式多样、部署范围广、主体为微小企业、制度优势显著等特征。[①] 如何在此复杂环境中，精准识别其投资环境可能带来的风险以及如何规避，从而构建适合不同类型网信企业的市场进入模式及其实施路径十分重要。在此基础上，本书结合企业国际化理论，基于PEST模型深入分析中国网信企业进入非洲大陆自由贸易区面临的各项风险和挑战，从政府和网信企业两个关键主体层面提出网信企业走进非洲大陆自贸区的战略定位和策略建议。

第三节　研究方法

本书共采用三种方法，将定性和定量研究方法相结合，即混合研究方法。第一种是最优最劣多准则决策法（MCDM-BWM），调研对象为加纳网信企业相关负责人，该方法根据经检验的题目确定具体调研设计，调研评分表见本书的附录1。第二种方法是问卷调查法，调研对象为四川省网信企业相关负责人和加纳、肯尼亚代表性网信企业相关负责人。问卷分为针对四川省网信企业的中文问卷和针对以加纳、肯尼亚为重点代表的非洲网信企业的英文问卷，中文和英文问卷根据经检验的题目确定，见本书的附录2和附录3。第三种方法是结构访谈法，访谈对象为四川省和肯尼亚网信企业相关负责人，访谈问题根据经检验的问题确定，见本书的附录4和附录5。三种方法的混合使用，使得本书既有充分的定量数据，同时也有丰富的定性数据。

一　最优最劣多准则决策法

多准则决策法（MCDM）是决策理论中十分重要的一个分支。多准

---

① S. Shamim et al., "Connecting Big Data Management Capabilities with Employee Ambidexterity in Chinese Multinational Enterprises Through the Mediation of Big Data Value Creation at the Employee Level," *International Business Review*, Vol. 29, No. 6, December, 2020, p. 101.

则决策问题通常被分为两类，分别是连续性和离散性问题。解决连续性问题通常采用多目标决策法（MODM），解决离散性问题一般采用多属性决策法（MADM）。多准则决策法是一类结构化的决策分析框架，用准则来度量备选方案对决策目标的实现程度，通过构建由目标—准则体系、备选方案集、决策环境状态（及其发生的概率）和益损值/效用值组成的决策矩阵来描述整个决策问题，从若干个备选方案中选出最优方案。典型的多准则决策过程包括明确目标、拟定备选方案、选择准则、准则赋权、评价和排序方案、选择方案六个主要步骤。[①]

最优最劣多准则决策法是一种求解多准则决策的最新方法和确定不同准则权重的有效工具。根据最优最劣多准则决策方法，最优的，即最可取的或最重要的；最劣的，即最不可取的或最不重要的。对每一个选项进行最优和最劣评价，确定不同选项的权重，通过计算最终获得最佳方案。与现有的多目标决策方法相比，本书所采用最优最劣多准则决策法的的显著优点是，它可以通过较少的数据得出更可靠的结论；它的比较过程更一致，这意味着它产生更可靠的结果。由于比较结果一致，结果可信度更高。

在多指标决策问题中，受访者难以直接给出具体的指标权重，但可以根据自身的情况，确定最优和最劣的指标。然后比较最好指标与其他指标的关系、最差指标与其他指标的关系并给出评价值，以这两组评价值为基础建立 minimax 模型，可以求解出各指标的权重和相应的误差。由于误差完全取决于受访者个人，拟运用以误差为基础的距离测度的方法确定出各个受访者的权重。关于样本数量的选择，Chunguang Bai 等选择了 10 名受访者，[②] Simonov Kusi-Sarpong 等选择了 4 名受访者。[③] Jafar Rezaei 在研究论文中明确指出，该研究法只需要 4—10 个样本即可获得可靠

[①] 张珞平、母容等：《多维决策法：一种新的战略决策方法》，《战略决策研究》2014 年第 1 期。

[②] Chunguang Bai et al., "Social Sustainable Supplier Evaluation and Selection: A Group Decision-support Approach", *International Journal of Production Research*, Vol. 57, No. 22, 2019, pp. 7046 – 7067.

[③] Simonov Kusi-Sarpong et al., "A Supply Chain Sustainability Innovation Framework and Evaluation Methodology", *International Journal of Production Research*, Vol. 57, No. 7, 2019, pp. 1990 – 2008.

的分析数据。① Jafar Rezaei 使用 BWM 法进行评估，具体步骤如下。

步骤 1：确定指标 $C = \{c_1, c_2, \cdots, c_n\}$。

步骤 2：受访者在各项指标中选择最佳指标和最差指标。

步骤 3：受访者通过比较各项指标，用 1—9 分给最佳指标和最差指标打分，1 分表示对最佳标准和另一标准的偏好相同，9 分表示对最佳标准的极端偏爱。最终会得到结果 BO，表示为 $BO = \{a_{B1}, a_{B2}, \cdots, a_{Bn}\}$，表明最佳指标 B 优于 J（其中一个指标）。

步骤 4：受访者通过比较各项指标，用 1—9 分给最佳指标和最差指标打分，最终会得到结果 OW，表示为 $OW = \{a_{1W}, a_{2W}, \cdots, a_{nW}\}^T$。

步骤 5：BO 和 OW 可以看作一个线性规划问题

$$w_B - a_{Bj} \times w_j \leqslant \xi L \qquad (1)$$

$$w_j - a_{jW} \times w_W \leqslant \xi L \qquad (2)$$

$$\text{s. t.}: \sum w_j = 1$$

$$w_j \geqslant 0, \forall j$$

线性规划问题的解是最优权值，且描述了一致性。当最终计算值接近零时，一致性较高，这表明决策更加可靠。

本书在设计基于最优最劣多准则决策法调研时就"非洲大陆自由贸易区的建立为企业带来的机遇"问题，分为五个具体的评价指标，包括市场需求、经营利润、创新潜能、互联互通平台和其他情况。关于四川省网信企业走进非洲大陆自由贸易区的潜在风险，分为八个具体的主要风险，包括政府网络安全审查风险、跨境支付风险、技术风险、社会风险、制度风险、法律风险、市场风险、政治风险。关于投资企业自身问题和非洲自贸区本土企业自身问题，本书建立以下八个指标：缺乏跨国商业战略、轻视区域制度差异、缺乏法律和翻译人才、其他情况；技术基础差、缺乏可信度、社会责任不足、其他情况。本书基于以上三个问题建立其相应指标并委托加纳 DAL 咨询公司（DAL CONSULTANCY CO. LTD），以加纳网信企业负责人为对象，选取了 50 名受访者进行调研，研究要求其根据多准则决策法中的最

---

① Jafar Rezaei, "Best-worst Multi-criteria Decision-making Method", *Omega*, Vol. 53, 2015, pp. 49–57.

优最劣（Best-Worst）方法对问题中的相应指标进行打分。

二 问卷调查法

问卷调查法也称调查研究，指一种采用自填式问卷结构或结构式访问的方法，系统地、直接地从一个取自总体的样本那里收集资料，并通过资料的统计分析来认识社会现象及其规律的社会研究方式。[①]

通过充分梳理已有文献，结合 PEST 分析法，本书从政治（Political）、经济（Economic）、社会（Social）和技术（Technological）四个方面确定问卷设计的具体问题。本书将调查对象确定为四川省网信企业员工和以加纳、肯尼亚为重点代表的非洲网信企业员工，问卷的发放与回收采用线上和线下相结合的方式，历时三周。

三 结构访谈法

除了定量的调查研究法，本书还采用了定性的结构访谈法中的结构式访谈。结构式访谈又称标准化访谈，它是一种对访谈过程高度控制的访问，通常按照访问指南展开。这种访谈的访问要点必须按照统一的标准和方法选取，访问过程中对访问者提出的问题、提问次序和方式，对被访问者回答的记录方式等都是完全统一的。结构访谈要求在访谈内容、访谈过程、访谈方式等方面都尽可能统一，做到标准化。这样做是为了避免访谈中的各种个人因素（尤其是个人主观因素）对访谈过程的影响，从而增加访谈过程的客观性和资料的可信度，也是为了使访谈资料便于进行统计处理和定量分析。

本次访谈采用结构访谈法，访谈问题根据经检验的问卷问题确定，针对四川省网信企业负责人和肯尼亚网信企业负责人分别拟定了中文访谈问题提纲和英文访谈问题提纲。

---

① 风笑天：《社会科学研究方法（第五版）》，中国人民大学出版社2018年版，第51页。

第四节 研究内容、思路与研究创新

一 研究内容与思路

本书以四川省为例,以"中国网信企业走进非洲大陆自贸区的机遇与挑战"为研究主题,采用最优最劣多准则决策法、问卷调查法、结构访谈法相结合的研究方法,重点对四川省网信企业进入非洲大陆自由贸易区的发展机遇与潜在风险进行了分析,并在此基础上针对基础层网信企业、应用层网信企业、终端层网信企业分别提出进入非洲大陆自由贸易区的战略对策,同时从政府和网信企业两个主体出发,提出有利于中国网信企业走进非洲大陆自贸区的战略定位和策略建议。主要包括以下五个部分。

绪论部分首先对网信企业的概念和分类进行了介绍。绪论部分第一节将网信企业分为三类,分别是基础层网信企业、应用层网信企业、终端层网信企业。绪论部分第二节主要介绍了企业国际化理论。根据网信企业的国际化战略特征,本书主要采用权变理论、企业国际化过程理论、企业战略理论、跨文化管理理论等企业国际化理论。绪论部分第三节对本书所采用的研究方法进行了介绍和说明。最后对本书的主要内容和研究思路进行了简要介绍,并在此基础上从四个方面阐述了本书的创新之处。

本书第一章主要对四川省网信企业和非洲大陆自由贸易区这两个研究对象的基本情况进行介绍。首先概述了四川省网信企业的发展状况、国际化现状,介绍了国际化案例及特征;其次从非洲大陆自由贸易区建立的背景、意义、发展历程、重点产业等几个方面介绍其概况;最后介绍了四川省网信企业投资非洲市场概况。

本书第二章的主要内容是四川省网信企业走进非洲大陆自由贸易区的发展机遇、潜在风险以及制约因素。本书认为四川网信企业走进非洲大陆自由贸易区的主要发展机遇包括非洲大陆自由贸易区提供的制度保障、市场优势和创新潜能。而四川省网信企业进入非洲大陆自贸区的潜在风险,本书结合 PEST 分析法,从政治风险、经济风险、社会风险、技术风险和法律风险等方面进行探讨。

本书第三章主要对调研结果进行分析。首先对此次研究设计和调研所采用的具体方法以及开展情况进行了介绍。其次分别对最优最劣多准则决策法的调研结果、问卷调查情况和结构访谈情况进行了分析。最后分别得出了有关基础网信企业、应用网信企业和终端网信企业在进入非洲大陆自由贸易区面临的风险的结论。

本书第四章结合前期对四川省网信企业的调研分析，得出中国网信企业走进非洲大陆自贸区的战略定位和策略建议。第四章从三个不同类型的网信企业视角，提出中国网信企业走进非洲大陆自贸区的战略定位。在此基础上，第四章从政府和网信企业两个关键主体出发，提出中国网信企业走进非洲大陆自贸区的策略建议。

本书的主要研究思路和分析框架如图1所示。

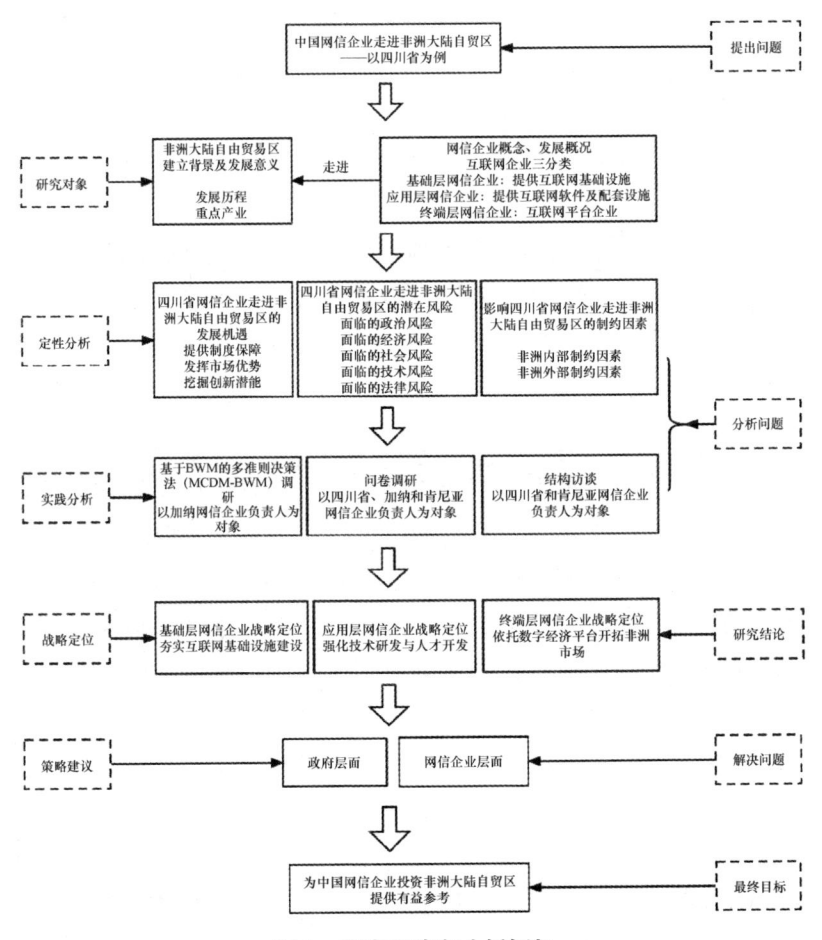

图1 研究思路和分析框架

二 研究创新

本书的创新之处主要体现在研究对象、研究内容、研究视角、研究方法以及研究结论几个方面。

从研究对象和内容来看，本书的研究对象更加聚焦明确，以三分类网信企业为研究目标行业，目标市场为非洲大陆。网信企业和非洲大陆自由贸易区近年来逐步成为学术界的研究热点，但是网信企业与非洲大陆自贸区相结合的相关研究数量较少。本书以四川省网信企业和非洲大陆自贸区为研究对象，运用实证分析法，弥补相关研究空缺。基于前期调研，本书提出网信企业走进非洲大陆自贸区的战略定位和策略建议，对中国网信企业走进非洲大陆自贸区具有十分重要的指导意义。不同于以往研究忽略了企业本身的发展状况，本书充分分析了四川省网信企业自身发展状况与其走进非洲大陆自由贸易区的发展机遇与潜在风险之间的关系。

从研究视角来看，本书从政治风险、经济风险、社会风险、技术风险和法律风险五个方面对四川省网信企业走进非洲大陆自由贸易区的潜在风险进行了系统分析。以往研究主要将风险从经济层面进行展开，少量研究关注了政治层面的风险，并未关注到其他领域的风险。因此，本书将潜在风险进行了深化与拓展。

从研究方法来看，本书突破单一的研究方法，采取定量和定性相结合的混合研究方法。在定量研究方法方面，本书首先采取问卷调查法收集研究所需数据，并对收集到的数据进行充分的定量分析。在此基础上，本书还采用决策理论中常用的最优最劣多准则决策法并结合深度调研的方式探究基础网信企业进入非洲大陆自由贸易区面临的风险。在定性研究方法方面，本书采取结构访谈和半结构式访谈方法，通过设计好的提纲分别与四川省网信企业和肯尼亚网信企业的相关负责人进行谈话，从而深入了解网信企业在进入非洲大陆自由贸易区时所考虑的各项风险。通过定性与定量多种研究方法的混合使用，本书充分地收集到定性和定量数据，且各研究方法收集到的数据之间具有较好的互补性，从而使研究能更加全面地分析网信企业走进非洲大陆自由贸易区面临的各项风险因素，增强本书的科学性。

从研究结论来看，本书提出了更加具有针对性的对策建议，从政府和网信企业层面两个重要参与主体出发，分别提出具体的非洲大陆自由贸易区进入策略建议。这些建议对于打破网信企业进入非洲大陆自由贸易区壁垒、推动网信企业与非洲大陆自由贸易区的发展更加具有指导性和实践性。相较于以往以网信企业为主提出建议的相关研究，本书不仅关注网信企业在进入非洲大陆自由贸易区中的主体作用，也同样强调政府的重要作用。

综上所述，本书以三分类网信企业为研究目标企业，目标市场为非洲大陆自贸区，系统归纳网信企业走进非洲大陆自贸区的发展机遇与潜在风险；关注政府在推进网信企业"走进非洲"中的作用，在研究对象、研究领域和研究结论等方面实现了创新，弥补了已有研究的不足。

第一章

四川省网信企业与非洲大陆自由贸易区概述

第一节 四川省网信企业概况

一 四川省网信企业发展概况

信息化推动了诸如大数据、云计算、区块链、5G通信等数字技术的发展。近年来，以这些数字技术为代表的数字经济产业强势崛起，使得数字经济成为促进全球经济和社会变革的重要驱动力。伴随着高速增长的市场需求，四川省网信企业规模迅速扩张，业务领域不断拓展。四川省全面贯彻落实"互联网+先进制造业"的决策部署，出台系列政策举措，积极搭建互联网创新平台，加快推动产业数字化转型，在网信事业方面取得积极进展。

2017年12月，四川省人民政府印发《四川省"十三五"信息化规划》，该规划要求构建现代信息技术产业体系；建设新一代信息基础设施；构筑数字经济融合创新体系。2018年6月，四川省人民政府出台《四川省加强网络安全和信息化工作实施方案》，该方案要求大力发展数字经济，着力抓好重点产业并培育壮大，繁荣发展电子商务，抓紧突破网信领域核心技术，推动经济高质量发展。四川省委网信办自2018年11月正式组建以来，始终坚持以习近平总书记关于网络强国的重要论述为指导，将网信人才培养作为事关网信事业长远发展的重点工作来抓，运用互联网思维统筹推进首家省级层面网信人才培养基地建设。该基地于2020年9月14日揭牌开班，被纳入全国网信人才培养"基地库"和各省干部教育培训体系，目前已举办网络风险防范化解等专题培训共12期，1000余名领导干部和网信一线人员接受培训。① 2019年8月，四川省人民政府出台《关于加快推进数字经济发展的指导意见》，意见要求实施"万家企业上云"行动，新增上云企业10000家，打造上云示范企业100家，争取到2022年，全省数字经济总量超2万亿元，数字经济成为创新驱动发展的重要力量。同年10月，国家发展改革委、中央网信办制定印发了《国家数字经济创新发展试验区实施方案》，并向四川省、重庆市、浙江省、河北省（雄安新区）、福建省、广东省6个"国家数字经济创新发展试验区"授牌，正式开展国家数字经济创新发展试验区建设。为深入贯彻落实国家两部委的工作部署，四川省委省政府先后通过并实施了《中共四川省委关于制定四川省国民经济和社会发展第十四个五年规划和二〇三五年远景目标的建议》和《国家数字经济创新发展试验区（四川）建设工作方案》，对该试验区的建设工作进行全面部署。目前，四川省位于"数字中国"省级排名全国第六，位居中西部地区第一，数字经济总量突破万亿元。②

根据网信人才发展规划，四川省成立专题调研组先后赴浙江、重庆等先行地区，四川大学、电子科技大学等知名高校，中电光谷、奇安信等头部企业调研，充分借鉴经验，敏锐捕捉培训需求，努力填补市场空白。四川省在充分研判的基础上，结合自身实际，高起点谋划形成"一年起步、三年成形、五年建成"基地发展构想，即在成都、宜宾进行"一体两地"布局，逐步构造"立足四川、面向西部、辐射全国"的四川省网信人才培养基地；2020年，依托成都信息工程大学、宜宾职业技术学院，整合多方资源资金，挂牌建立基地；2022年前后，全面建设实体

---

① 《四川人才工作巡礼 | 省委网信办：坚持政治引领 创新驱动发展》，2021年12月28日，川观新闻，https://cbgc.scol.com.cn/news/2778870。

② 《四川数字经济总量突破万亿元》，2019年8月17日，四川新闻网，www.sc.chinanews.com.cn/shouye/2019-08-17/110879.html。

性网信人才发展产教融合创新示范园区；2025 年前后，全面建成体系化、正规化、产业化新型互联网学院。同时，围绕成渝地区双城经济圈推进国家战略，以基地带动实施川渝网信人才培养协作计划，已初步形成"平台共搭、资源共享、人才共育、项目共孵、学科共建、标准共商"的良好态势。

根据《2018 四川省互联网行业发展报告》，截至 2018 年 12 月，四川省网民规模已达到 6649.2 万人。按常住人口计算，全省的互联网普及率已达 79.7%。四川省移动电话用户规模突破 9000 万户大关，2018 年四川省互联网用户规模保持快速增长。当互联网普及率提升 10% 时，GDP 总量能够提升 0.8%。[1] 由此可见，新一轮互联网技术和信息技术的发展对于促进四川省经济增长的作用在持续增强，并且对于生产要素、产业结构、商品贸易和国际合作等都会呈现出正相关的内在联系。日新月异的互联网技术和庞大的用户群更为四川省网信企业的发展创造了历史性的机遇，借助互联网实现跨越式发展已成为一种国际化路径选择。

四川的快速发展、占优势的劳动力成本（四川的人力成本仅是沿海地区的 60%—70%）、庞大的人才储备以及不断提升的消费需求，吸引了越来越多的外资企业来到该地区，大幅增加了外商直接投资（FDI）。2015 年使用的 FDI 为 104.4 亿美元。[2] 四川的主要投资者是中国香港、中国台湾和美国。随着中国对零售业和批发流通业逐步放开，家乐福、百盛等国际零售企业在四川省的数量明显增加。四川省政府目前的一个项目，就是为世界各地的大学生提供来川观摩"产业的蓬勃发展、科技的魅力、创新的路径"的机会，其目的是鼓励创新和创业。在倡导全球合作的背景下，这是企业成功必不可少的要素。中国西部地区的主要出口基地是四川，成都、绵阳、南充、泸州等城镇的汽车企业大幅增加。美国、欧盟、日本、东盟、中国香港是四川的五大贸易伙伴。四川

---

[1] 李一丹、王超：《互联网对"一带一路"沿线区域经济增长的影响研究》，《商业经济研究》2019 年第 5 期。

[2] 《2015 年四川经济形势》，2016 年 1 月 21 日，四川省人民政府网站，https://www.sc.gov.cn/10462/10778/10876/2016/1/21/10365888.shtml。

有多家网络企业，2015年又有16家世界500强企业落户四川，其中5家来自美国，2家来自英国，另有2家分别来自澳大利亚和法国。美国EMC在当地注册了一家公司，并进行了一定的直接投资。其余的企业设立了分公司或代表处。芬兰的诺基亚公司将其四川分公司业务升级为直接投资，并在成都天府新区设立了诺基亚网络（成都）有限公司。此外，在219家外资企业中，有191家企业在四川境内有直接投资或设立分支机构。[①] 国有资本投资、运营的成都兴城集团在投洽会上宣布投资625亿元人民币，约89.9亿美元。作为为成都城市规划投资了1000多个重点项目的公司，成都兴城集团目前正在通过建设技能人才公寓、医疗健康产业基础设施以及锦城绿道、天府文化园等地标性项目为其他项目铺路。四川移动和华为在华为第五届亚太创新日宣布在成都启动多维度的5G网络，旨在将成都打造成全球最重要的高科技城市之一。多维5G网络解决方案将发挥四川移动在站点资源方面的优势，采用华为领先的5G全场景产品和解决方案，如宏站点、杆站点、数字室内系统等。该方案将构建三层多维网络架构，实现5G网络全城连续覆盖。两家公司已经在成都多个区域开通了5G，包括成都高新技术产业开发区南区、太古里、天府软件园、成都熊猫基地、地铁十号线、华尔道夫雅士居、宽窄巷子、都江堰等。通过5G网络让用户体验到了领先的网络性能，并在此基础上将成都打造成一个先进的互联网城市。2015年10月，成都市政府与意大利米兰、美国旧金山签署了两份友好合作备忘录。成都还与约30个城市制定了友好合作备忘录，并设有14个国际领事馆（其中3个来自西方发达国家，还有印度、波兰等新兴市场的领事馆）。

Crunchbase数据库于2007年在美国旧金山创立，是覆盖初创公司及投资机构生态的企业服务数据库，详细记录了超过10万家公司的资料信息，包括创始人、公司业绩表现、融资轮、业务增长数据等，是全球最大、最权威的数据库之一。本书基于Crunchbase数据库，发现四川省各领域企业共有160家，网信企业57家，所占比例较高。其中，基础层网

[①]《299家世界500强落户四川 落户数量在中西部保持领先地位》，2016年1月31日，四川省人民政府网站，https://www.sc.gov.cn/10462/10464/10797/2016/1/31/10367125.shtml。

信企业5家，应用层网信企业25家，终端层网信企业27家；另外有医疗健康企业23家，制造企业18家，文化教育企业17家，广告媒体企业14家，金融投资企业12家，交通服务企业11家，以及其他企业8家，所占比例较低。得益于近几年中国在量子信息技术、人工智能、区块链、超级计算机、工业互联网等网信领域核心技术呈现良好发展势头，四川省通过多年来大力开展互联网基础设施建设，在整个网信产业的发展上取得了较长远的进步，并有效推动四川省经济社会的数字化、网络化、智能化进程。

从四川省网信企业城市分布来看，绝大部分网信企业分布在成都市、绵阳市及周边区县，这些城市的经济发达度、产业成熟度、政策优惠、人才质量、基础设施等均居全省前列，从而吸引更多的资金和人才聚集，形成产业聚合。随着四川省经济持续发展、网信产业范围的持续扩大以及多层次资本市场的改革完善等，四川省有望在更多的地市构建现代网信产业体系。

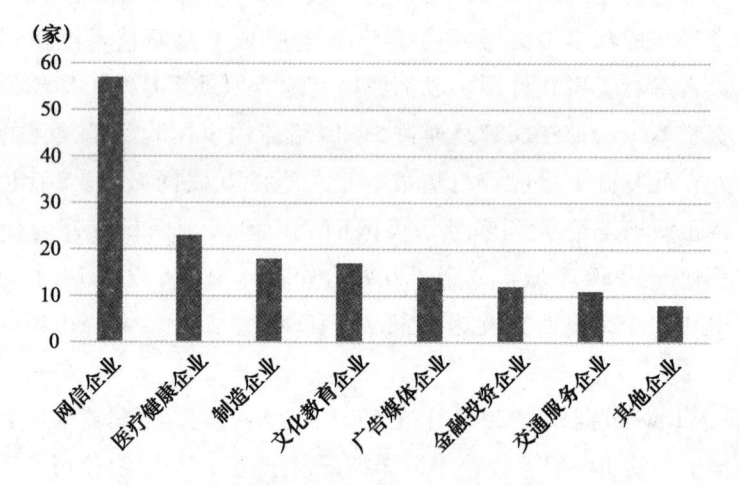

图1-1 四川省各领域企业数量

资料来源：根据Crunchbase数据库整理得出。

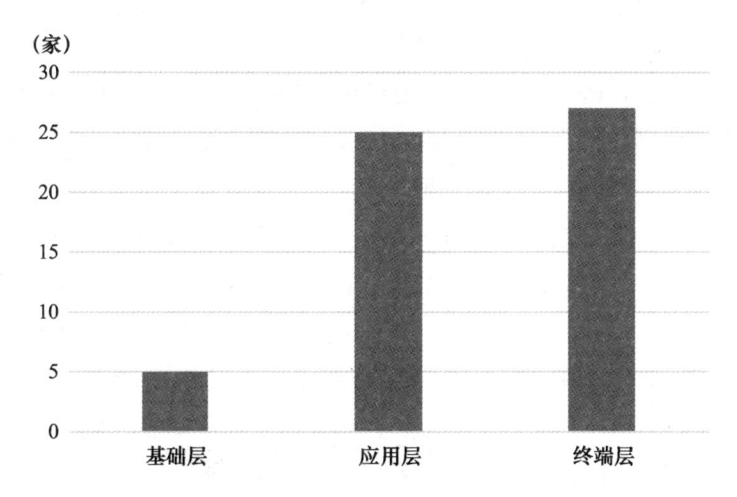

图 1-2　四川省网信企业三分类

资料来源：根据 Crunchbase 数据库整理得出。

二　四川省网信企业国际化现状

根据中国互联网络信息中心（CNNIC）发布的第 47 次《中国互联网络发展状况统计报告》，截至 2020 年 12 月，中国网民规模达 9.89 亿人，较 2020 年 3 月增长 8540 万，互联网普及率达 70.4%，较 2020 年 3 月提升 5.9 个百分点。[①] 中国网信类企业发展趋势普遍增长并创历史新高。2021 年 3 月，由四川省互联网信息办公室、四川省互联网协会联合编制的《四川省互联网发展状况报告（2020）》（以下简称《报告》）正式对外发布。《报告》显示，截至 2019 年 12 月，全省网民规模达到 6766.7 万人，较 2018 年同期增长 117.5 万人，增幅为 1.8%；按常住人口计算，全省互联网普及率为 80.8%，较 2018 年提升 1.1 个百分点。根据艾瑞咨询监测数据，2019 年全省移动端月独立设备数继续保持增长趋势。截至 2019 年 12 月，全省移动端月独立设备数达到 8725.6 万台，较 2018 年同期增长 4.9 个百分点。截至 2020 年 6 月，全

[①]《第 47 次〈中国互联网络发展状况统计报告〉》，2021 年 2 月 3 日，中央网络安全和信息化委员会办公室网站，http://www.cac.gov.cn/2021-02/03/c_1613923423079314.htm。

省网民移动端月独立设备数量保持在 8540.8 万台。①

改革开放以来，中国网信企业和互联网品牌的发展历史进程可以分为三个阶段。第一阶段为萌芽期（1990—1998 年）。这段时间国家注重扶持互联网的发展，但中国电子商务企业并没有快速发展起来。第二阶段为雏形期（1999—2005 年）。1999 年 5 月，王峻涛创立了 8848 网站，这标志着中国的互联网品牌正式创牌。同年，马云建立了阿里巴巴电子商务企业，而后通过品牌的国际化参与全球市场竞争，从而诞生了具有传奇色彩的中国式互联网品牌和初露头角的中国网信企业。2000年，中国网信企业在数量上、规模上都进入了高度膨胀时期。同时，这一阶段互联网的相关产业也开始发展，如 1998 年招商银行等开始试行网上支付，并在后一年开始了多元化应用，客观上为互联网经济的发展提供了支撑。2004 年，全球 B2C 巨头——亚马逊收购中国本土电子商务公司卓越网并进入中国市场，这使得本国电子商务企业不再局限于国内市场，而是将眼光投向国外市场，进而促进了中国网信企业的国际化。然而，由于中国大部分的互联网企业和品牌主要依靠外来资本投入，因而中国网信企业在国际化进程中面临严重的生存挑战。第三阶段为发展期（2006 年至今）。2008 年，受国际金融危机影响，国内部分网信企业和互联网品牌出现了倒闭的现象，但在扩大内需的宏观政策导向以及国际资金进一步加入的驱动下，一些传统行业也纷纷涉水，开始构建自己的互联网品牌。这一阶段，中国的互联网品牌成长环境进一步改善。在本土化取得极大成功的基础上，在全球资本的推动下，中国网信企业和互联网品牌已经有了迈向国际化的实质性动作和举措。②

通过梳理中国网信企业的品牌全球化进程，可以得出中国网信企业"起步较晚，发展较快"这一基本论断。根据中国网信企业国际化发展趋势，可以分析出四川省网信企业的国际化发展历程。四川省网信企业的国际化进程开始较晚。以四川省省会成都为例，2014 年起，成都市相继

---

① 《〈四川省互联网发展状况报告（2020）〉发布 全省网民规模达 6766.7 万人》，2021 年 3 月 5 日，四川新闻网，http://www.sc.chinanews.com.cn/shouye/2021-03-05/144077.html。

② 乔宇：《中国互联网品牌国际化的劣势与机遇》，《华东经济管理》2016 年第 6 期。

出台了《关于促进跨境电子商务发展的若干意见》《加快推进跨境电子商务发展的实施方案》等支持政策，确立了将四川省成都市打造成为中国进出国际电子商务市场"西大门"的城市定位。① 成都跨境贸易电子商务公共服务平台自 2016 年上线运行以来，受到了许多企业的青睐。同年 2 月，在由成都市政府主办的"'世界市场带来的商业变革'暨成都跨境贸易电子商务公共服务平台上线发布会"上，经过半年多筹备和近 2 个月试运行的成都跨境贸易电子商务公共服务平台宣布正式上线。自此，成都在迈向全国跨境电商产业高地的征途上，跨出坚实一步。此项重大举措更为四川网信企业和互联网品牌充分参与国际市场竞争，加快"走出去"步伐，利用好国内、国外两个市场，壮大自身实力提供了新的机遇。② 2017 年起，四川省信息基础设施加速升级，网信企业不断壮大，为了加快推进"光网四川""无线四川"建设，建成中西部规模最大的 4G 网络，率先实施 5G 实验和商务服务，扩大高速无线局域网覆盖范围。③ 应用基础设施快速发展，建成中国移动西部云计算中心（成都）、中国联通互联网数据中心成都基地，成都获批国家大数据综合试验区。全省光纤入户、3G/4G 基站数、光纤长度等光纤基础设施规模全国领先。④ 2017 年也是四川省网信企业国际化的重要一年，自 2017 年成立以来，中国（四川）自由贸易试验区着力打造内陆开放型经济高地，实现内陆与沿海、沿边、沿江协同开放。以此为契机，位于成都高新区的中国—欧洲中心，作为"一带一路"对外开放的新旗帜，于 2017 年 5 月由成都市与欧盟委员会、国家商务部、科技部共同启动运营。⑤ 在 2019 年举行的第

---

① 《成都跨境电商服务平台上线》，2016 年 3 月 1 日，网易新闻，https：//www. 163. com/news/article/BH1TJBK600014Q4P. html。

② 《成都跨境贸易电子商务公共服务平台正式上线》，2016 年 3 月 2 日，四川省人民政府网站，https：//www. sc. gov. cn/10462/10778/10876/2016/3/2/10371612. shtml。

③ 《中央网信办和中国证监会联合发布〈关于推动资本市场服务网络强国建设的指导意见〉》，2018 年 4 月 13 日，中国政府网站，https：//www. gov. cn/xinwen/2018 - 04/13/content_5282838. htm。

④ 《创新发展新引擎 共享发展新成果》，2018 年 6 月 11 日，红星新闻网，http：//news. chengdu. cn/2018/0611/1980082. shtml? phone = yes。

⑤ 《四川省人民政府关于印发中国（四川）自由贸易试验区建设实施方案的通知》，2017 年 11 月 21 日，四川省人民政府网站，https：//www. sc. gov. cn/10462/c103044/2017/11/24/38b214ef29fe4638998ac119b1bb4d3c. shtml。

十四届欧洽会上，中国—欧洲中心也以欧洽会永久会址的身份首次亮相。在这里，现已入驻了联合国开发计划署、德国巴伐利亚州成都代表处、挪威 Opera 中国区总部、法国物联网公司、亚马逊国际创新中心、德国签证中心等 36 家国际知名机构和企业。[①] 2019 年四川又入选国家数字经济创新发展试验区，将更进一步突出开放合作，加强数字经济国际国内合作。由此看出，成都作为四川省网信企业和互联网品牌发展的领头羊，近年来一直以其自身实力吸引着国内外相关产业的落户，不断完善和带领四川省网络信息安全产业的发展。2018 年成都网络信息安全产业规模达 225.6 亿元，连续四年增速超过 20%，聚集了中国网安、亚信安全、卫士通、中电科十所等一批国内骨干企业及科研院所。[②] 2020 年包括成都天府软件园在内的 12 个园区被批准为国家首批数字服务出口基地等多个事例，都为成都乃至四川省的数字经济发展和对外开放赢得了更大的机遇和空间。[③]

三 四川省网信企业国际化案例及特征

受益于中国网信事业的发展机遇，众多四川省网信企业早在改革开放时期便开始布局国际化战略，其中包括众多网信企业走向国际化的典型案例。本书根据网信企业三种类型，基于 Crunchbase 数据库资料分析，分别在基础层选取迈普通信技术有限公司（以下简称"迈普"）、应用层选取华为赛门铁克科技有限公司（以下简称"华赛"）、终端层选取成都创人所爱科技股份有限公司（以下简称"Tap4Fun"）为典型案例，以期探索其国际化进程（见表 1-1）。

---

① 《第十四届欧洽会在成都落幕 中国—欧洲中心成为永久会址》，2019 年 11 月 14 日，央广网，http://www.cnr.cn/sc/2014cd/20191114/t20191114_524858139.shtml.
② 《2019 蜀山论剑·网络安全大会举办》，2019 年 9 月 5 日，中国社会科学网，http://www.cssn.cn/zt/zt.djch/wlaqwrmwlaqkrm/wlaqgddt/201909/t20190905_4968150.shtml.
③ 文科：《成都天府软件园：蓉城创新地标，为数字化转型注智赋能》，《产城》2020 年第 10 期。

表 1-1　　　　　　　四川省典型网信企业国际化进程

	迈普通信 技术有限公司	华为赛门铁克 科技有限公司	成都创人所爱 科技股份有限公司
网信企业 分类	基础层	应用层	终端层
跨国经营 方式	直接出口；技术合同、服务合同	建立合资企业；直接出口；技术合同、服务合同	建立独资企业；技术合同、服务合同
财务管理 体制	国内业务和海外业务统一财务管理	海外业务与国内业务财务分开，并按国别管理	海外业务与国内业务财务分开，并按地域管理
市场营销 战略	海外部门制定方案，由总公司个别决定	海外分公司制定方案，由总公司根据全球战略做调整后决定	海外分公司制定方案，由总公司个别决定
组织结构	海外部门负责国际业务	国内经营组织和国际经营组织一体化	成立海外分公司
海外派遣 人员培养 与管理	纳入海外部门的长期计划	纳入全公司范围的长期计划	根据需要进行招聘、培训

资料来源：根据 Crunchbase 数据库整理得出。

迈普于1993年在四川成都成立，致力于向客户提供全系列的路由器、交换机、VOIP协同通信、信息安全以及综合接入组成的IP联网与应用，属于基础层网信企业。迈普以"建设中国人的安全网络"为使命，目前已融入信创生态体系，打造基于信创体系的新基建互联解决方案。迈普于2003年开始尝试海外市场的拓展，并于当年与英特尔资本公司、指南基金有限公司、汇丰直接投资（亚洲）有限公司、法国外贸银行集团亚洲投资基金这四家全球著名基金达成协议，获得了高达约1500万美元的一次性联合投资，这是当年国内网络设备企业得到的最大一笔国际投资。四大基金的投资是迈普国际化战略的关键一步，有利于迈普实现资本和产品市场国际化，最终实现品牌国际化的部署。实施国际化战略多年以来，迈普在全球运营商的业务占据迈普总业务收入的40%，在海外主要面向运营商 MetroE 城域网、CPE 接入、卫星 VOIP 通信网、MPLS 部署等业务领域，凭借过硬的实力，成功将产品打入南亚、东南亚、欧洲、美洲等市场。

华赛于 2008 年 3 月 12 日在四川成都正式揭牌，是华为技术有限公司与赛门铁克公司成立的合资企业，属于应用层网信企业。继承了华为在电信设备领域高可靠性和灵活扩展的系统能力与赛门铁克在安全和存储领域多年的知识经验与技术积累，华赛融合软件与硬件、设备与服务、IT 与 CT、安全与存储，并在此基础上持续创新，具有世界级的自主研发能力与客户服务能力。华赛的产品与解决方案已经应用于欧洲、独联体、中国、亚太、中东北非、南部非洲、拉美七大片区的 40 多个国家和地区，覆盖了包括公共事业、运营商、金融、能源、交通、SP、教育、医疗、企业等行业的 1000 多个重要客户，全球渠道网络初具规模。华赛初步完成的全球化战略布局，得益于其不仅在国内拥有多个基地，还把触角伸向了海外，如设在美国的 CTO 办公室是华赛全球性研发的桥头堡，在收集最新技术信息和引进专业人才方面起到了十分关键的作用。[1] 除此之外，华赛注意到中小企业是一个极为庞大的市场，有针对性地研发出一系列中端、低端网络安全与存储产品，扩张"蓝海市场"，打破了国际市场长期为国外厂商所垄断的局面，在部分高端集群领域占据了领先的优势。[2]

成都创人所爱科技股份有限公司（Tap4Fun）于 2008 年在四川成都成立，是致力于制作全球顶尖手游产品的游戏开发商，属于终端层网信企业。该公司初期以面向欧美的软件外包业务为主，是国内第一批 iOS 平台手机应用开发者，其开发的 Twitter 移动客户端软件和新闻阅读软件，在苹果 App Store 全球畅销排行一直领先。[3] 在这个过程中，Tap4Fun 积累了丰富的海外移动客户端的开发及运营经验。经过调研，该公司发现海外的手游用户对付费的手机游戏接受程度更高。因此在 2011 年年初，Tap4Fun 制定了开拓海外市场的全球战略，开始逐渐将业务重点转向利润

---

[1] 《华为赛门铁克：全球化布局》，2022 年 1 月 7 日，中国论文网，https://www.xzbu.com/8/view-1088594.htm。

[2] 《华为赛门铁克公司，2020 年 7 月 4 日，360 百科，https://baike.so.com/doc/2046029-2164915.html；《华为赛门铁克发布安全与存储产品新品牌》，2010 年 1 月 6 日，CNET 科技资讯网，http://www.techwalker.com/2010/0106/1588801.shtml。

[3] 《尼毕鲁：创业以来从未亏损的手机游戏公司》，2014 年 1 月 2 日，游戏狗资讯网，http://www.gamedog.cn/n/361481.html。

率较高的手游，在泰国、巴黎均设有海外分公司，先后推出了多款面向 iOS 及 Android 平台的热门移动游戏，如《野蛮时代》《战地风暴》《银河传说》等。相对于国内市场而言，Tap4Fun 更着眼全球市场（比如美国、日本、韩国），重视研究海外用户的游戏体验和付费习惯。由于推广和玩家获取成本的增加，该公司将业务范围缩小和聚焦于移动端在线策略游戏，试图通过这种方式构建一定的竞争壁垒和竞争力，提升其领先于行业的可能性。Tap4Fun 坚持抱团出海的理念，带着更多的创业公司一起去开拓国际市场，发挥知识与资本的合力，与其共同分享在全球策略类在线手游市场的细分领域。

以迈普、华赛和 Tap4Fun 为领头羊，在海外积极拓展、构建全球价值链，众多四川省网信企业基于品牌、市场、发展视野等多方面开拓国际化道路，依靠技术、人才等优势实现了国际市场突破，提升了品牌影响力。以网信企业为代表的非国有企业通过加大国外企业投资并购或者与国外产业链上下游企业合作，已经成为对外直接投资的重要生力军。

通过梳理四川省网信企业国际化发展现状及其典型案例，本书归纳出四川省网信企业在国际化发展过程中具有以下五大特征。

第一，国际化形式多样化。根据本报告网信企业的分类，四川省网信企业囊括了基础层网信企业、应用层网信企业和终端层网信企业在内的所有类型，涉及的业务既包括提供互联网基础设施、网络基本硬件产品，又包括提供互联网软件及配套服务、技术咨询、电子商务、内容服务等。不同企业的国际化形式既具有参考性，又具有独特性。以迈普、华赛和 Tap4Fun 三家企业为典型，它们都采用了技术合同、服务合同等基本的国际市场经营方式。但同时，三家企业各自另有侧重，基础层的迈普倾向于直接出口，应用层的华赛选择建立合资企业，终端层的成都创人所爱科技股份有限公司则选择建立独资企业。由此可见，类型的全面性和业务的多样性，使得四川省网信企业的国际化形式呈现多样性。以资本国际化、产品市场国际化和品牌国际化等具体的形式为例，企业可选择某一种部署方式（如资本国际化方式），通过引入外资、合资、并购等形式，来获取先进设备、技术、市场等资源以推动国际化进程；企业还可将多种部署方式结合起来，如先实现资本国际化，把其中得到的经营、管理等经验作为起跳板，为后续产品市场国际化和品牌国际化提供部署数据和依据。

第二，推进国际化进程快。自 1994 年中国接入互联网以来，中国网信企业依靠互联网技术，积极融入国际信息化浪潮，实现了此后几十年的快速发展。网信企业的快速发展首先得益于政策的大力支持。早在 21 世纪初，四川省便实施优势产品国际化战略，提出以长虹等网信企业为龙头，抓好 IT 产业及其优势产品的出口，提高四川企业出口的整体竞争力。近年来，四川省着力在全省工业和信息化领域实施品牌强基、品牌培育、品牌传播行动，支持企业"走出去"，利用好国内、国际两个市场，加强国际间合作，为提升四川省开放性经济水平贡献力量。四川省网信企业技术水平的持续提高，是国际化推进速度快的重要因素。随着国际市场融入程度的不断加深，四川省网信企业逐渐形成重视核心技术的共识。因此，各企业越发重视自主研发，加大研发投入力度，培养高技术人才，增强自主创新能力，把握市场发展重点方向，由此形成的核心竞争力，使四川省网信企业在激烈的国际竞争中生存下来，并逐渐加快国际化进程。

第三，国际化部署范围广。如今，亚洲、欧洲、非洲、美洲等国际市场都能看到四川省网信企业的身影。部分四川省网信企业早在几十年前就开始布局国际化战略，例如最早走进中东市场的长虹中东公司，其以迪拜为中心，进入中东和北非地区的市场已长达 20 多年。经过多年的积累，这些企业已成功开拓出自己的国际市场，形成了较为成熟的国际化战略。同时，"先头部队"企业开始尝试依托自身经验，汇集更多资源、引领更多企业共同开拓更大的国际市场。例如，四川绵阳企业进出口联盟海外展示平台，于 2019 年在迪拜长虹中东展示中心正式揭牌，旨在发挥长虹等优秀企业的国际化经验及平台优势，带动更多绵阳企业走向国际市场，推动更多"绵阳造""四川造""中国造"产品以平台为依托服务国际消费者，从而不断扩大四川省网信企业的国际化部署范围。[①] 推行四川省网信企业国际化战略可使四川省网信企业获得满足共建"一带一路"合作国家市场需求的机会，扩大销售及服务的范围以增强品牌

---

① 《四川绵阳企业拓展中东市场》，2019 年 2 月 19 日，中国经济网，http://www.ce.cn/bwzg/201907/19/t20190719 32663040.shtml。

影响力。

第四，国际化主体为小微企业。目前，四川省网信企业出海的主体是小微企业，其总量规模不断扩大，核心竞争力在新一轮科技和产业变革中不断增强，其助力经济发展的作用越发显著。2018年新修订的《中小企业促进法》开始实施，其中明确提出"国家支持中小企业在研发设计、生产制造、运营管理等环节应用互联网、云计算、大数据、人工智能等现代技术手段，创新生产方式，提高生产经营效率"。[①] 四川省网信小微企业存在着经营国际市场能力尚弱、技术创新整合有待深入和融资渠道不通畅的短板。这就需要对网信小微企业进行专业化分工，并与网信大型企业协同合作。通过搭建对接、培训、应用的网信小微企业国际化平台，服务四川省网信小微企业联盟，使四川省网信小微企业组团发展，充分发挥规模经济和集群效应的优势，这有利于构建较为完善的网信产业链和生态圈，降低经商风险。

第五，国际化制度优势显著。四川省网信企业具有特定的制度所有权优势、制度区位优势和制度内部化优势。制度所有权优势源于四川省网信企业内部已搭建相对完善的组织框架，构建较为专业的管理模式、激励机制等企业运营体系，这使得四川省网信企业在国际化之路中具备了内部合法性，再加上其行为符合四川省政府出台的相关政策法规，又为其提供了外部法律保障，进而提高了四川省网信企业在非洲市场投资的合法性以及充分彰显了其制度优势。制度区位优势体现在以下两个方面：一方面，政府颁布的各类法律和优惠政策对四川省网信企业具有较大的吸引力，加之非洲市场的法律法规、规则惯例等正式制度日益完善，这对四川省网信企业的产品地域范围形成了正向影响；另一方面，四川省网信企业的企业形象和社会责任与非洲大陆的社会道德规范逐步契合，其宣传推广活动不但不与非洲国家的宗教信仰、民间团体组织利益等相冲突，而且能够较好地适应当地文化习俗。制度内部化优势归自四川省网信企业内部已形成诸如明文契约与关系网络的正式约束机制，使其能够通过自身的协调来降低中间产品、信息技术和营销技术的交易成本。

[①] 《中小企业促进法》，2017年9月1日，中国人大网，http://www.npc.gov.cn/npc/c30834/201907/c071098fbe584d7aa7fe599a9db39cde.shtml。

此外，四川省网信企业尤其重视调动员工主观能动性，包括员工的归属感、忠诚度、认同感等，以降低企业离心率和提高组织绩效。

总的来看，四川省网信企业受到国家和政府的高度重视，并且国内和国外企业积极参与，发展规模不断壮大、数量逐渐增加、范围不断扩大以及国际化趋势日益增强。因此，四川省网信企业发展前景良好。

第二节　非洲大陆自由贸易区

一　非洲大陆自由贸易区建立背景及意义

2019年7月，非洲大陆自由贸易区成立。[①] 2021年1月，非洲大陆自由贸易区正式启动。[②] 非洲大陆自由贸易区重点发展的五大新业态（总部经济、平台经济、离岸经济、信息技术、新兴专业化服务）之一的信息技术被视为带动非洲大陆自由贸易区建设的一个重要引擎。非洲大陆自由贸易区的建立为网信企业的发展带来机遇，该类企业可以从中获益的一个重要领域就是互联网和信息化业务。

（一）建立背景

非洲大陆自由贸易区的建立，标志着一个新的非洲市场正在崛起。非洲内部贸易额较低，其份额仅占贸易总额的11%。[③] 此新兴经济体将联合13亿非洲人口，构建3.4万亿美元的区域经济体。[④] 布鲁金斯学会2019年的报告指出，非洲大陆中20多个国家在未来五年将以平均5%

[①] 《涵盖13亿人口，非洲大陆自贸区正式启动》，2019年7月8日，观察者网，https://www.guancha.cn/economy/2019_07_08_508639.shtml。

[②] 《非洲大陆自由贸易区2021年1月1日正式启动 将成为非洲大陆一体化的重要里程碑之一》，2020年12月5日，中青在线，http://news.cyol.com/app/2020-12/05/content_18874629.htm。

[③] 孙志娜：《非洲内部贸易及对中国的外贸政策启示》，《国际经贸探索》2014年第3期。

[④] 《中非第一经贸协定落地 毛里求斯国际中转枢纽凸显》，2019年10月21日，凤凰网财经，https://finance.ifeng.com/c/7qwYJufGJvM&m%3D57902930708c60623b229084f173e1924d95aa24。

或更高的速度发展，高于全球经济3.6%的增速。① 非洲重视推动区域经济一体化进程，主要是由于贸易壁垒、基础设施、物流效率、信贷成本等因素制约，非洲大陆国家的对外贸易依存度很高，导致非洲区域贸易规模远未达到潜在的最高水平。因此，扩大区域贸易规模、减轻外部环境恶化对非洲经济的负面效应十分重要。自贸区未来的总部将设于西非国家加纳，其首都阿克拉被非洲联盟选定为自贸区秘书处所在地。非盟方面对外称，非洲大陆自由贸易区建设有四个主要目标：一是创建覆盖整个非洲大陆的单一货物与服务市场，允许商人和投资自由流动，并为加速建设非洲大陆关税同盟创造前提；二是通过协调非洲大陆本身现存的贸易自由化、便利化制度和工具，扩大非洲内部贸易；三是理顺重叠复杂的区域组织成员关系，加速推进非洲区域和大陆一体化进程；四是通过发掘规模化生产、更宽松的市场准入条件和更好的资源配置机会，提高行业和企业层面的竞争力。由此可见，自贸区的成立会使非洲各经济体汇聚成统一的大市场，将会进一步推动这一新兴经济体的运行。②

（二）建立意义

非洲大陆自由贸易区的建立不仅有利于促进非洲自身的发展，而且为中国和其他国家的发展带来了新的机遇。

非洲大陆自由贸易区的建立有助于实现区域经济一体化，促进区域内贸易投资便利化，使非洲大陆市场聚合性不断增强，进而激发非洲大陆内部贸易活力。2013年5月，非盟在召开庆祝"非洲统一组织成立50周年暨非盟特别峰会"时，发表了规划未来50年的《非洲〈2063年议程〉（草案）》，这表明了非盟加快推进非洲一体化的共识和决心。此后，非盟始终在加快推进非洲一体化的道路上不断探索。③ 卢旺达贸易与工业

---

① 《研究：2019年增长最快的经济体中，非洲会有一席之地》，2019年1月17日，华尔街见闻，https://wallstreetcn.com/articles/3471279。
② 田伊霖：《建设非洲大陆自贸区的机遇与挑战》，《中国外资》2018年第13期。
③ 《非洲一体化新进展与中非关系的新引擎》，2015年3月24日，非洲商业观察，https://www.toutiao.com/article/4124703536/?wid=1657187195638。

部长樊尚·蒙耶夏卡曾明确指出，非洲大陆自由贸易区的建立将会使得非洲国家间的贸易额显著增长，从而降低非洲国家内部之间的经济交易成本，增加就业岗位，提高非洲民众生活水平和质量，最终实现经济的可持续发展。自贸区建立后，关税的降低和贸易壁垒的逐步消除将有助于推动非洲各国之间的贸易发展，促进商品、服务等各要素在非洲各国间自由流动，实现资源的合理配置。联合国非洲经济委员会认为，通过逐步取消90%的商品关税，非洲大陆的区域内贸易比重将从目前的14%提升到2022年的52%，这将改变与世界其他大陆相比区域内贸易比例低下的局面。① 此外，自贸区创造的新就业岗位和商贸机会，能够实现非洲国家的联合自强战略，在总体上提高非洲的工业化水平。面对其他经济体的冲击，也能够形成合力，应对经济全球化浪潮中所面临的边缘化挑战。

非洲大陆自由贸易区的建立有助于完善中非合作顶层设计，进一步推动中非深入合作。中非一直以来都是友好合作的贸易伙伴。自2009年起，中国已连续11年成为非洲第一大贸易伙伴，2019年中非贸易额高达2087亿美元。② 习近平主席早在2018年中非论坛北京峰会上就宣布中国将支持非洲大陆自由贸易区的建设，峰会中提出的"八项行动"要求推动中非贸易便利化。③ 中国"互联网与信息化"发展战略与非洲大陆自由贸易区的重点建设产业高度契合。党的十九大报告指出要加快互联网与信息化的发展；④ 2022年，中国"十四五"信息化发展要求拓展互利共赢的数字领域国际合作体系。⑤ 中非经贸合作投资正逐步向信息化、互联网、数字经济等新兴行业倾斜。中国数字经济总规模已稳居全球第二，

---

① 《非洲大陆自贸区正式成立 中非合作迎来更多机遇》，2019年7月10日，中国对外承包工程商会，https://www.chinca.org/CICA/info/19071014364111。

② 欧亚系统科学研究会·非洲研究小组：《新冠疫情对中非经贸合作的可能影响》，《非洲热点观察》2020年第2期。

③ 《解读习近平主席在中非合作论坛北京峰会开幕式上的主旨讲话》，2018年9月4日，中国共产党新闻网，http://theory.people.com.cn/n1/2018/0904/c40531-30271023.html。

④ 习近平：《决胜全面建成小康社会 夺取新时代中国特色社会主义伟大胜利——在中国共产党第十九次全国代表大会上的报告》，人民出版社2017年版。

⑤ 《中央网络安全和信息化委员会印发"十四五"〈国家信息化规划〉》，2021年12月27日，中国新闻网，http://news.cctv.com/2021/12/27/ARTIJZYqoSklnpTBQIkfnH6E211227.shtml。

从2005年的2.6万亿元大幅增长到2020年的39.2万亿元,①数字经济占GDP的比重也从2015年的27%稳步上升至2020年的38.6%,数据量约占全球的20%,电子商务规模位居全球第一。②共建"一带一路"合作背景下,中国与非洲进出口额从2000年的110亿美元持续增长至2017年的1700亿美元,已成为非洲第四大投资国,其中数字经济正成为中国助非发展的新方向。③近20年来,中国向非洲提供了较为广泛的信息和计算机技术支持,华为已建立了非洲约50%的3G网络和70%的4G网络。④根据商务部统计信息,中国企业已在非洲设立了超过3500家各类企业,其中民营企业占比超过七成。在数字经济领域,中国企业市场占有率较高,中非合作涉及面较广,对实现非洲互联互通影响重大。非洲拥有12.8亿人口,人口红利潜力巨大,青年人口约占据总人口的60%,对互联网及新兴技术使用度较高,非洲拥有3.3亿网民,占全球的9.2%。消费者购物来源已逐步从实体零售渠道转向网上在线购物平台,2017年非洲至少有2100万名在线购物者。非洲电子产业领域消费能力的不断增强,将会带来民众对网信产品与服务的巨大需求。在此背景下,非洲大陆自由贸易区的建立预计覆盖12亿人口,产生一个国内生产总值为2.5万亿元的市场,有望成为全球面积最大、成员数量最多

---

① 《2020年中国数字经济行业市场现状及发展前景分析 2025年市场规模或将达到60万亿元》,2020年10月30日,前瞻产业研究院网站,https://bg.qianzhan.com/trends/detail/506/201030-1aeb148b.html;《2020年我国数字经济规模达到39.2万亿元 位居世界第二》,2021年4月25日,Web开发网,http://www.techweb.com.cn/it/2021-04-25/2836803.shtml。

② 《2015—2019中国数字经济规模及占GDP比重情况》,2021年5月17日,观研报告网,https://data.chinabaogao.com/it/2021/051K4320R021.html;《2021年中国数字经济发展白皮书》,2021年4月28日,中国信通院,https://coffee.pmcaff.com/article/13701912_j;《东盟各国数字经济战略"图谱"寻找中国合作机会》,2021年7月16日,新浪科技,https://finance.sina.com.cn/tech/2021-07-16/doc-ikqciyzk5883564.shtml。

③ 《2017年我国与非洲进出口额1700亿美元 同比增长14.1%》,2018年1月24日,金融界,http://finance.jrj.com.cn/2018/01/24160723999497.shtml;于培伟:《中非贸易前途无量——中非贸易半个多世纪的发展回顾与展望》,《经济研究参考》2006年第96期;《商务部:中国已经成为非洲第四大投资国,将共同发布〈中非合作2035年愿景〉》,2021年11月17日,新浪财经,https://finance.sina.com.cn/china/2021-11-17/doc-iktzscyy6071310.shtml。

④ 《中国已连续12年保持非洲第一大贸易伙伴地位》,2021年11月17日,中国新闻网,https://www.chinanews.com.cn/cj/2021/11-17/9610805.shtml。

的自由贸易区。① 从上述数据可以看出，非洲大陆自由贸易区的建立将会激发非洲各国市场潜能，为非洲经济发展注入新动力。非洲大陆各国签署《自由贸易协定》后，将会促进非洲大陆的内需增长以及各种优惠政策的出台。这将大大推动中非之间人员、资本、商品和服务等要素的自由流通，逐步改善非洲大陆整体投资营商环境，激发中方企业对非投资积极性。除传统的制造业、农业等领域，中方企业还将在金融、服务、物流、数字经济等新兴领域扩大投资，助力非洲本地企业升级转型。中国作为世界重要经济体中对非洲重视程度极高的大国，与非洲始终保持着友好合作、互帮互助的关系，非洲大陆自由贸易区的建立为深化中非合作奠定了更为坚实的基础。

二 非洲大陆自由贸易区发展历程

泛非主义理念作为非洲大陆的民族主义，既是一种思想理论又是一种政治运动，在其发展的各个阶段都体现着鲜明的民族特色。泛非主义强调，无论世界上哪里的非洲人后裔，都有共同的利害关系，需要互助合作。泛非主义理念有助于非洲国家之间增强凝聚力和认同感，符合非洲经济一体化的本质要求，成为非洲经济一体化的理论基础和指导思想。② 基于此，非洲经济一体化的进程不断推进和深化。

（一）初步探索非洲经济一体化

20世纪60—80年代，非洲大陆国家在泛非主义思想和联合自强精神的引领下，开始积极探索经济一体化的实现路径。1963年5月通过的《非洲统一组织宪章》表明，要促进非洲国家的统一与团结，加强非洲国家在政治、经济、军事、外交、文化等各个领域的合作。在这一时期，非洲大陆建立了一系列区域经济合作组织。主要包括非洲国家咖啡组织

---

① 《非洲大陆自贸区正式成立，对中国是个好机会》，2019年7月9日，腾讯新闻，https://new.qq.com/omn/20190709/20190709A0GUOT00.html。
② 舒运国：《泛非主义与非洲一体化》，《世界历史》2014年第2期。

(1960年)、西非货币联盟(1962年)、中部非洲关税和经济联盟(1966年)、东非共同体(1967年)、西非国家经济共同体(1975年)、大湖国家经济共同体(1976年)等。然而,这个时期非洲国家关注的重点是谋求政治独立和国内经济发展,区域经济一体化尚未成为国家间的重要议题。[①] 1980年,非洲统一组织于特别首脑峰会上通过了《拉各斯行动计划》,将"加快非洲区域经济合作和一体化的步伐"作为重要原则。[②] 这标志着非洲经济一体化进程迈出了重要一步。此外,为加速非洲经济一体化进程,非洲统一组织还特别通过了《拉各斯最后行动方案》,旨在到2000年建立非洲共同市场。20世纪80年代,非洲大陆还成立了一系列新的区域经济合作组织,包括南部非洲发展协调会议(1980年)、东部和南部非洲优惠贸易区(1981年)、中非国家经济共同体(1983年)、阿拉伯马格里布联盟(1989年)等。但在这一时期,非洲国家普遍面临经济增长低迷乃至衰退、出口收入急剧减少、外债负担日益沉重等经济冲击,因而各国政府的政策重点都转移到了国内经济复苏上,严峻的经济局势致使《拉各斯行动计划》和《拉各斯最后行动方案》并未得以实施。20世纪60—80年代,虽然非洲大陆国家开始了对经济一体化的初步探索,并成立了一系列区域经济组织,产生了一定的成果,但整体而言,非洲大陆国家尚未真正实现一体化,各国仍旧以国内经济发展和政治独立为主要目标。

(二)规划非洲经济一体化路径

1990年,纳米比亚独立,非洲大陆结束了殖民时期,进入独立的新时代,因而这也对非洲的经济发展提出了新要求,亟须加快推动非洲大陆经济一体化进程,实现非洲复兴计划。非洲大陆各国领导人对实现非洲联合自强、自主发展的战略高度重视。为达成区域经济合作,1991年6月,在尼日利亚首都阿布贾举行的非洲统一组织第27届非洲国家首脑会

---

① 舒运国:《非洲经济一体化五十年》,《西亚非洲》2013年第1期。
② Abdalla Bujra, "Pan-African Political and Economic Visions of Development", *DPMF Occasional Paper*, Vol. 1, No. 1, January, 2004, p. 13.

议上,与会的非洲国家领导人签署了《阿布贾条约》,并在 1994 年 5 月生效。该条约提出建立非洲经济共同体的目标是促进非洲经济、社会和文化发展,推动经济一体化,增强自主发展能力,实现内生型和可持续发展。①《阿布贾条约》为《拉各斯行动计划》的落实规定了具体的路径。根据该条约,成员国将在条约生效后的 34 年内分六个阶段逐步设立非洲共同市场:② 第一阶段是强化现有的经济共同体,并在未设立经济共同体的地区设立经济共同体(1999 年完成);第二阶段是加强非洲各区域性经济共同体的联合与协调(2007 年完成);第三阶段是在每个区域性经济共同体内建立自由贸易区和关税同盟(2017 年完成);第四阶段是建立一个全非洲范围内的自由贸易区关税同盟(2019 年完成);第五阶段,通过在农业、运输和通信、工业、能源和科学研究等领域采用共同行业政策,统一货币、金融和财政政策,在实现人员自由流动的基础上,成立并强化非洲共同市场(2023 年完成);第六阶段,实现人员和生产要素的自由流动,巩固和强化非洲共同市场,创建单一的非洲内部市场、泛非经济和货币联盟、非洲中央银行、非洲统一货币和泛非议会,完成建立非洲经济共同体这一伟大目标(2028 年完成)。为逐步实现这一伟大目标,发挥非洲现有的区域性经济共同体在推动非洲一体化方面的作用,截至 1999 年,非洲大陆成立了由非洲统一组织(后为"非洲联盟",简称"非盟")认可的西非国家经济共同体(ECOWAS)、南部非洲发展共同体(SADC)、东部和南部非洲共同市场(COMESA)、东非共同体(EAC)、阿拉伯马格里布联盟(AMU)、中部非洲国家经济共同体(EC-CAS)、萨赫勒—撒哈拉国家共同体(CEN-SAD)和东非政府间发展组织(IGAD)八个区域经济共同体,作为建立非洲经济共同体的支柱,《阿布贾条约》第一阶段任务完成。

(三)非盟推动非洲经济一体化进程

21 世纪初,经济全球化浪潮席卷,由于对外依赖性强、经济发

---

① 朴英姬:《非洲大陆自由贸易区:进展、效应与推进路径》,《西亚非洲》2020 年第 3 期。
② Organisation of African Unity (OAU), "Treaty Establishing the African Economic Community", May, 1994, https://au.int/en/treaties/treaty-establishing-african-economic-community.

结构不合理、市场环境等因素，非洲大陆始终处于边缘化位置。为此，非洲国家越发重视区域经济一体化以期改变在全球经济体系中的劣势地位。2001年7月，第37届非洲统一组织首脑会议通过了《非洲发展新伙伴计划》，该计划成为指导21世纪非洲发展的重要纲领。2002年7月，非盟取代非洲统一组织，《非洲发展新伙伴计划》则成为非盟的泛非经济和社会发展战略框架。《非洲发展新伙伴计划》同样强调自力更生，并将区域一体化战略作为非洲复兴的重要组成部分，认为应充分重视区域一体化，将区域经济合作作为建设更强大、更可持续的非洲经济的重要组成部分。非盟始终大力推动非洲经济一体化进程，《非洲联盟宪章》明确指出要加快《阿布贾条约》的执行进度，以促进非洲经济和社会发展，更有效地应对全球化带来的挑战，并将"加快非洲大陆政治、经济和社会的一体化""促进经济、社会和文化层面的可持续发展，以及非洲经济一体化"作为重要发展目标。① 2005年7月，非盟重申将实现非洲全面的政治和经济一体化作为最终发展目标。② 在非盟的积极推进下，非洲经济一体化仍以《阿布贾条约》为指导，在八个区域经济共同体的支撑下发展，进入了新阶段。然而，各个地区区域经济共同体的成员国之间经济发展水平、制度建设等本身存在差距，导致协调困难、执行进度不一致，21世纪初的非洲大陆区域经济共同体经济一体化的进展参差不齐，出现明显的不均衡现象，未能实现《阿布贾条约》第二阶段任务，整体略滞后于预期目标。产生问题的主要原因有三点：一是国际金融危机以来，非洲国家的经济增长势头普遍减缓，难以投入足够的财力来推动区域经济一体化进程，加之部分地区安全形势持续严峻，导致各区域经济共同体的经济一体化进展迟缓；二是非洲区域经济共同体的成员国身份重叠现象严重，易产生不同地区的法律制度在适用性上的冲突以及管辖权冲突。仅有11个非洲国家归属单一区域经济共同体，其余国家均同时归属两个或三个区域经济共同体，这导致成员国在面临

---

① Organisation of African Unity (OAU), "Constitutive Act of the African Union", July, 2000, https：//www.ohchr.org/en/resources/educators/human-rights-education-training/8 – constitutive-act-african-union – 2000.

② African Union, "Assembly of the African Union Fifth Ordinary Session", July, 2005, https：//sl.au.int/en/decisions – 108.

不同区域经济共同体的制度规则冲突时往往顾此失彼，从而阻碍了区域经济共同体的经济一体化进程；① 三是非洲国家的基础设施落后、制度建设滞后和生产能力薄弱等发展赤字未能得到有效缓解，抑制了区域贸易和投资的增长，制约了区域价值链的发展，导致区域经济共同体的经济一体化水平难有显著提升。②

（四）非洲大陆自由贸易区成立

为推动非洲经济一体化迈入新阶段、实现《阿布贾条约》的阶段性目标，非盟于2012年明确提出建立非洲大陆自由贸易区的规划。2012年1月，非盟在埃塞俄比亚首都亚的斯亚贝巴召开的第18届国家元首和政府首脑会议上通过了"促进非洲区域贸易和快速推进非洲大陆自由贸易区"的决议，初步计划在2018年成立非洲大陆自由贸易区。2015年1月，非洲联盟峰会通过了《2063年议程》。作为非洲未来50年发展的远景规划，《2063年议程》根植于泛非主义和非洲复兴思想，致力于将21世纪打造成"非洲的世纪"，并明确提出要实现"基于泛非主义理想和非洲复兴愿景的政治上团结的、一体化的非洲"的发展愿景。2015年6月召开的第25届非盟首脑会议宣布启动非洲大陆自由贸易区的谈判。2018年3月21日，在卢旺达首都基加利举行的非盟非洲大陆自由贸易区特别峰会通过了《非洲大陆自由贸易区协定》，共44个非洲国家签署。2019年4月29日，非盟委员会主席收到《非洲大陆自由贸易区协定》的第22份批准文件，2019年5月30日，非盟宣布，《非洲大陆自由贸易区协定》正式生效。2019年7月7日，在尼日尔首都尼亚美召开的第12届非盟特别峰会正式启动非洲大陆自由贸易区的实施程序，《非洲大陆自由贸易区协定》进入运作阶段。

三　非洲大陆自由贸易区的重点产业

非洲大陆自由贸易区的重点产业包括传统产业与新兴行业，其中传

---

① 朱伟东、王婷：《非洲区域经济组织成员身份重叠现象与消解路径》，《西亚非洲》2020年第1期。
② 朴英姬：《非洲大陆自由贸易区：进展、效应与推进路径》，《西亚非洲》2020年第3期。

统产业包括农业（第一产业）和制造业（第二产业），新兴行业主要为互联网信息化产业。

（一）农业

非洲农业资源十分丰富，地处热带地区也给其农业生产提供了良好的气候条件。但是受制于技术和资金的缺乏，非洲农业的发展较为缓慢，耕地利用度也很低，世界上大约有60%未开发的耕地都在非洲。农业也是推动非洲经济发展的重要支柱，发展农业既是助力非洲人民脱贫的重要途径，也是拉动非洲经济的着力点。非洲70%的人口是农业人口，农业对非洲国内生产总值的贡献率高达30%。[1] 但是，目前许多非洲国家仍然面临农业基础设施不完善、先进农业技术缺乏等问题，再加上频发的自然灾害以及不稳定的社会环境，进一步导致非洲民众粮食安全得不到可靠保障。非洲大陆自由贸易区的建立将会深化中非在农业领域的合作，进而改善非洲农业面貌。如果非洲农业想要在满足当地粮食需求方面发挥更大作用，那么与其主要贸易伙伴相比，提高粮食作物的成本竞争力将非常重要。撒哈拉以南非洲地区已经凸显出在某些经济作物上的竞争优势，例如东非的腰果、咖啡、园艺和茶叶，西非的可可、茶，等等。对于其中的一些农作物如可可，非洲的生产成本是世界上最低的。通过《非洲大陆自由贸易区协定》，关税壁垒等问题可以得到缓解，更有利于增强非洲农产品在价格上的竞争优势。发挥非洲的全部农业潜力也需要大量投资。麦肯锡的调查显示，撒哈拉以南非洲地区将需要投入八倍的肥料、六倍的改良种子，至少80亿美元的基本仓储投资（不包括园艺或动物产品的冷链投资）以及高达650亿美元的灌溉资金来实现它的农业承诺。道路、港口和电力等基础设施也需要大量投资，加上政策和区域贸易环境需要改善，非洲大陆自由贸易区的建立为非洲的农业发展提供了良好的条件。

---

[1] 《聚焦中非"十大合作计划"：农业现代化合作稳步推进》，2018年8月25日，中国新闻网，https：//www.chinanews.com.cn/cj/2018/08-25/8610075.shtml。

（二）制造业

制造业的发展被广泛认为是实现经济增长和发展的基本途径，非洲有望成为下一个"世界制造业中心"。预计到 2030 年，许多低成本、劳动密集型制造业就业岗位可能流向非洲。① 非洲大陆自由贸易区是非洲商品和服务的单一市场，旨在释放制造潜力并促进工业化，实现推动可持续增长和就业等目标。制造业的好处是可以吸收大量工人，并将其置于生产活动和高薪工作中。随着非洲自贸区启动，制造业将持续带动非洲国家就业，未来非洲制造业有望延续发展趋势。非洲有众多中小型制造企业，主要生产食品、服装和木制品等商品，以满足本国消费者需求为主。同时，由于非洲制造业主要服务于国内市场，因此在新冠疫情期间受到国际市场影响较小。随着 2021 年非洲大陆自由贸易区正式启动，非洲大陆内的区域贸易潜力将得到释放，贸易需求的提高将进一步刺激本土制造业发展，非洲工业化进程有望加速。非洲制造业在疫情期间并未受到严重冲击，未来几年将延续发展趋势，并推动非洲经济结构转型升级。② 当前，非洲国家的决策者越来越意识到，制造业是帮助非洲成功实现下一阶段经济发展目标的主要因素。非洲联盟在《2063 年议程》中将该部门置于首位和中心地位。非洲各国政府正在寻求创新方式来吸引投资和培育行业，实施包括针对性投资基础设施、改善区域一体化以及建立特别经济区的战略。尽管各国的政策与解决方案可能会有所不同，但制造业对于增强非洲实现其发展目标的能力至关重要。中国已连续 12 年稳居非洲最大贸易伙伴国的地位，现有 3100 多家中国企业在非洲投资，投资额达 320 多亿美元，提供了 10 多万个就业岗位。③ 中国企业应该继续发挥资金、技术、人才等优势，进一步提高中非市场的互补

---

① 《外媒：非洲将成为下个制造业中心 中国投资迅速增长》，2019 年 9 月 4 日，搜狐网，https：//www.sohu.com/a/338831381_733145。
② 《"非洲制造"值得期待》，2021 年 3 月 18 日，国际在线网站，http://gr.cri.cn/20210318/34f29924-6474-c399-f179-9d275ec09e18.html。
③ 《非洲正成为吸引制造业投资的沃土》，2016 年 7 月 1 日，锦桥纺织网，https：//www.sinotex.cn/News/View.asp?id=115450。

性，深化中非企业在钢铁、家用电器、基础化工等领域的合作，充分发挥非洲国家的资源优势，提高资源利用率，进而推动非洲工业化进程。

相较于世界其他地区，非洲的基础设施建设较为滞后，而且非洲大陆内部互相连通而修建的基础设施少之又少，目前的基础设施体系远远不能满足非洲现代化发展的需要。近些年，为降低运输成本，非洲区域经济组织已经开始大力投资新建公路、铁路机场、码头、水网电网，并取得了一定的成效。[①] 另外，电力建设也是非洲基础建设所急需的。非洲的电力供应非常落后且多数发电设备老旧，缺乏应有的维护和保养，电力供需不平衡已成为阻碍非洲发展的问题之一。自 2000 年以来，每年非洲的基础设施投资占 GDP 的比例一直保持在 3.5% 左右，但麦肯锡全球研究所（McKinsey Global Institute）2016 年在报告中指出，如果非洲要缩小其基础设施差距，则需要提高到 4.5%。相比之下，中国在基础设施上的支出约为 GDP 的 7.7%，而印度为 5.2%。预计 2015—2025 年，非洲基础设施的年度投资将增加一倍，到 2025 年将达到 1500 亿美元。[②] 非洲大陆自由贸易区的建立可以吸引更多的投资，无疑将极大地改善整个非洲的基础设施状况，推动非洲制造业、农业加工、跨境贸易和服务业的发展，为非洲国家发展提供保障。中国作为基建强国，可以在非洲一体化建设中积极参与互联互通基础设施建设，从而降低非洲的物流运输成本。畅通无阻的贸易和设施连接将是中非共建"一带一路"的核心内容。中国已通过中非合作论坛等多平台向非洲提供了不附带政治条件的投融资支持，帮助非洲建设了亚吉铁路、蒙内铁路等大批基础设施项目及其沿线经济走廊，为非洲国家实现自主可持续发展创造了必要条件。[③]

（三）互联网信息化产业

近年来，非洲的互联网普及率不断提高，互联网产业正在悄然兴起。

[①] 林发勤、王蕊：《非洲大陆自贸区新机遇》，《进出口经理人》2019 年第 12 期。
[②] 《非洲启动自由贸易区，能否扭转贫困现象？》，2021 年 11 月 9 日，欧亚系统科学研究会网站，https://www.essra.org.cn/view-1000-3215.aspx。
[③] 林发勤、王蕊：《非洲大陆自贸区新机遇》，《进出口经理人》2019 年第 12 期。

其中最典型的就是电子商务的迅速发展。随着基础设施的完善、各项商品和服务涌入非洲市场，近年来，非洲电子商务快速发展，改变了13亿多非洲人民的传统生活方式。目前非洲的电子商务刚刚起步，正处于中国10年前的状态，但是其有着巨大的发展潜力。非洲拥有12.8亿人口，其中，年轻人口占比达到70%。年轻人对新兴事物的接受程度和掌握程度较快，一定程度上也可以提高大众对电商的接受度，是一个巨大的潜在消费群体，所以说非洲的电子商务有着巨大的市场潜力。同时大量资本进入非洲市场，加快完善了当地基础设施建设及物流产业，有利于非洲电商进一步发展。目前，3G网络在非洲基本覆盖，4G也已经覆盖到了核心区域。市场上智能手机逐渐普及，新品智能机占比已经超50%。[1] 而且，移动支付的快速普及以及物流成熟度的逐步提高都为非洲电商快速发展奠定了基础。因此，非洲市场潜力巨大，有望成为互联网产业的新蓝海。

非洲大陆自由贸易区建设必然带来非洲贸易基础设施的建设和贸易现代化、数字化水平的提高。随着非洲大陆自由贸易区的建设，区域内商流、物流、信息流、资金流、服务流等整合水平提升，流通效率大大提高。这对于当前快速发展的中非跨境电商来说，无疑是巨大的战略机遇。区域内物流不畅且成本高、资金融通壁垒深、数字化贸易体系差、供应链条断裂是当前中非跨境电商发展的重要阻碍，但是非洲大陆自由贸易区的建设，正是解决这些问题的重要战略机遇，将会逐渐建设成一个"平而滑"的非洲内部供应链服务体系。中国在电子商务领域的发展领先于其他国家，可以将电商经验与技术分享到非洲市场，从而推动服务贸易平台建设。电子商务对于推动非洲国家的包容性增长具有重要的意义，一方面可以让非洲各个国家参与到全球价值链之中，通过自身比较优势而实现经济的快速发展；另一方面，也有助于推动非洲中小企业参与全球贸易，从而解决更多人的就业问题，使更多人摆脱贫穷。[2]

---

[1] 《非洲跨境电商市场环境分析》，2022年8月7日，跨境知道网站，https：//www.ikjzd.com/articles/101919。

[2] 林发勤、王蕊：《非洲大陆自贸区新机遇》，《进出口经理人》2019年第12期。

第一章　四川省网信企业与非洲大陆自由贸易区概述

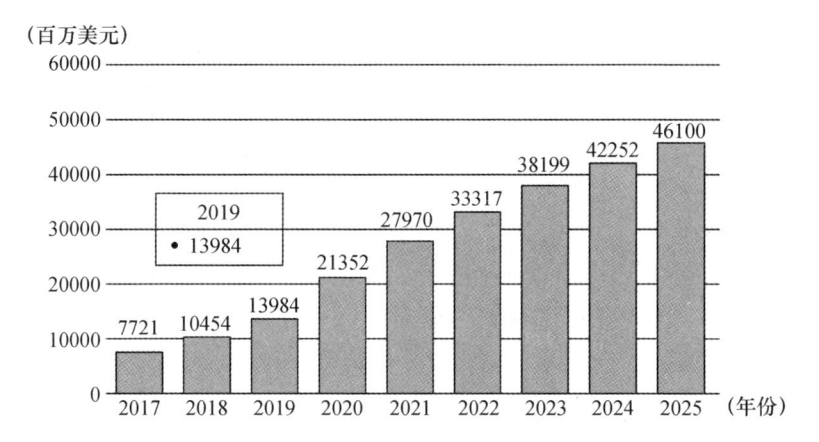

图1-3　非洲电子商务市场潜力

资料来源：Statista 2022。

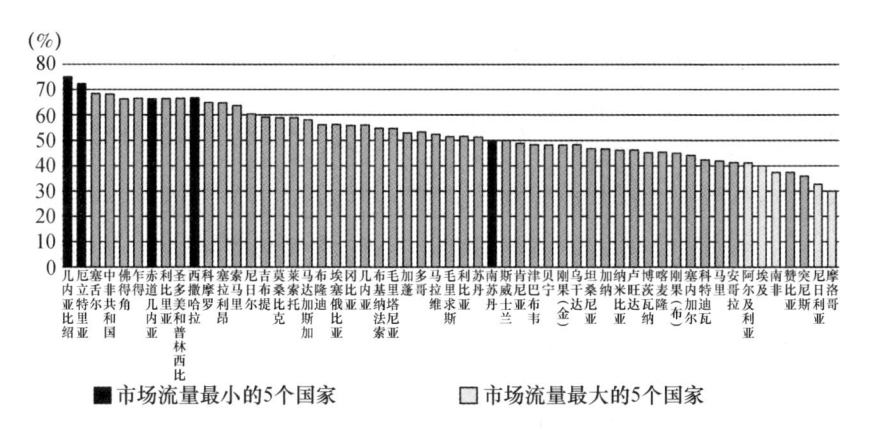

图1-4　非洲大陆自由贸易区成员国电子商务（B2C）市场

资料来源：www.intracen.org One Trade Africa Programme。

第三节　四川省网信企业投资非洲市场概况

一　四川省网信企业投资非洲市场的背景

2021年12月27日，《"十四五"国家信息化规划》正式印发。该规划指出，"十三五"时期，中国集成电路、基础软件等关键核心技术取得重大突破。2019年以来，中国成为全球最大专利申请来源国，5G、区块链、人工智能等领域专利申请量全球第一。信息技术产业进一步做大做强，电子信息制造业增加值保持年增长9%以上，软件业务收入保持年增长13%以上，战略性技术产业生态不断优化。同时，数字经济实现跨越式发展，中国数字经济总量跃居世界第二，2020年数字经济核心产业增加值占GDP的比重达到7.8%。该规划对中国"十四五"时期信息化发展作出详细安排部署，提出10项重大任务，特别提出要适度部署下一代智能设施体系，畅通网信企业融资渠道，致力于打造具有国际竞争力的数字产业集群。《"十四五"国家信息化规划》强调要把数字产业化作为推动中国经济高质量发展的重要驱动力，加快发展新兴信息技术产业生态，推动数字技术成果转化应用，加速数字产业层架提升，支持中国网信企业不断发展壮大，致力于打造具有强大国际竞争力的数字产业集群。特别是在网信企业融资方面，《"十四五"国家信息化规划》提出进行注册制改革，充分利用创业板、科创板进行高效登记注册，畅通网信企业融资渠道。引导中国更多网信企业将工作重点专注于细分领域，加大科学技术投入，不断开拓创新。该规划强调要发挥网信企业产业链的带动作用，通过信息流带动上下游经济发展，促进大中小企业融合发展。国家层面对中国网信企业发展提供支持，鼓励引导市场加大对核心技术和新兴信息技术产业的支持力度，积极创新财政资金支持方式，不断加强国家科学技术计划统筹力度，加大对网信企业的财政支持，优化知识产权质押融资体系。同时加大信息领域知识产权保护、公平市场竞争审查、反垄断等统筹力度，促进创新要素实现自主流动、高效配置。因此，《"十四五"国家信息化规划》的正式实施为网信企业发展提供了坚实保障。①

　　数字丝绸之路建设是共建"一带一路"的一项重要组成部分，目前中国政府已经与埃及、阿联酋等国家共同发起《"一带一路"数字经济国际合作倡议》，已经与16个国家签署加强数字丝绸之路建设合作政策性文件。此外，中国于2017年与国际电信联盟签署了《关于加强"一带一路"框架下电信和信息网络领域合作的意向书》，与共建"一

---

① 《"十四五"国家信息化规划》，2021年12月28日，中国政府网，http：//www.gov.cn/xinwen/2021-12/28/5664873/files/1760823a103e4d75ac681564fe481af4.pdf。

带一路"合作国家签署丝路光缆合作协议，启动丝路光缆项目。当今世界正在经历新一轮的产业革命，数字经济成为当今主要经济业态之一，共建数字丝绸之路已经成为一种趋势。各国之间联系日益密切，各国在人工智能、量子计算机方面合作增多，大数据、数字平台经济、云计算蓬勃发展，21世纪数字丝绸之路建设已全面推进。此外，跨境电子商务、数字经济等新模式、新业态已经逐步成为推动贸易畅通的重要驱动力量。根据《共建"一带一路"倡议：进展、贡献与展望》报告数据统计，2018年，通过中国海关进行跨境电子商务平台零售进出口的商品总额达203亿美元，同比增长50%，[①]"丝路电商"已经成为新兴经济合作模式。

此外，非洲大陆自由贸易区制度化的数字规则为中国网信企业"走出去"提供红利。非洲大陆自由贸易区建设中贸易聚焦于以下五大领域：商业服务、通信服务、金融服务、旅游服务和运输服务，为四川省网信企业进入非洲市场提供了区域贸易市场环境。非洲大陆自由贸易区对网信企业、数字时代经济发展的重视程度不断提升，出台了鼓励互联网经济发展和明晰互联网经济规则的系列政策，四川省网信企业可深入解读系列政策要义，结合自身优势和强大的海外市场服务能力，为自身发展创造更多的非洲市场机遇。

二 四川省网信企业投资非洲市场现状

随着共建"一带一路"的深入实施以及非洲大陆自由贸易区的建立，非洲逐渐成为四川省企业开展对外投资合作的重要市场之一。

自从1976年6月7日中铁二局承建的坦赞铁路全线通车以来，四川和非洲已携手走过47年。"一带一路"倡议提出以来，四川企业与非洲的合作越发紧密。中非贸易研究中心曾策划"四川企业迈出国门，共谱非洲梦想蓝图"专题，调查了2010—2016年四川与非洲进出口贸易情况。如图1-5所示，四川与非洲的贸易合作日益紧密，其进出口贸易额

---

① 《共建"一带一路"倡议：进展、贡献与展望》，2019年4月22日，新华网，http://www.xinhuanet.com/world/2019-04/22/c_1124400071.htm。

整体呈现稳步发展趋势。①

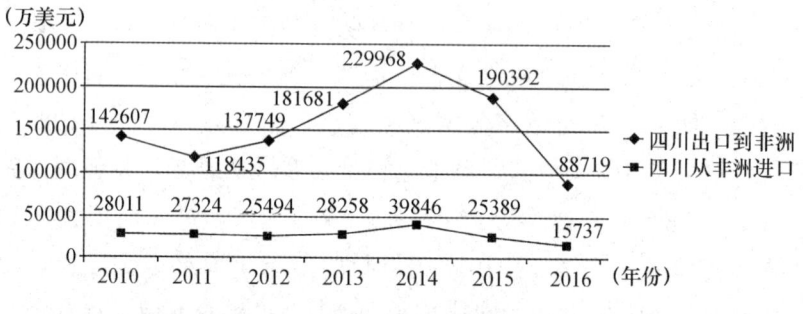

图 1-5 2010—2016 四川与非洲进出口贸易情况

资料来源：《四川企业迈出国门，共谱非洲梦想蓝图》，2017 年，中非贸易研究中心，http://news.afrindex.com/redianzhuanti/sichuan-feizhou/#cop3。

  四川省有上百家企业与非洲各国在农业、制造业、建材家具业等产业有着贸易往来，其中典型企业包括四川省茶叶集团股份有限公司、四川省星河建材有限公司、宜宾天原集团股份有限公司、华西集团、四川泰立科技股份有限公司等。四川企业在对非投资过程中，有许多突出亮点。比如，在农业方面，四川在海外首个实质性落地的农业园区——中国—乌干达农业产业园，其由乌干达总统穆塞韦尼亲自奠基，也是中国投资人在乌建设的首个以农业为主的现代化产业园。产业园目前有 300 多公顷，是以农作物种植、畜牧养殖、农畜产品加工、农产品贸易、电商物流为中心的一体化核心园区。在工业方面，2016 年四川宏达集团投资 30 亿美元启动坦桑尼亚煤电铁综合项目，该项目是坦桑尼亚建国以来吸引外资最大的项目，其建成后将促进当地居民就业，提高居民生活水平，可以拉动该国 GDP 增长 25%。此外，四川企业中国三峡新能源有限公司、四川电力设计咨询有限责任公司等携手向东非沿海国家吉布提投资 30 亿美元以推动光伏项目的建成，此项目是"一带一路"建设在清洁能源领域试点的重大工程，将进一步推动该国经济健康发展。除了农业和工业外，中车眉山公司、中车资阳公司、中车成都公司等四川企业在非

---

① 《四川企业迈出国门，共谱非洲梦想蓝图》，2017 年，中非贸易研究中心，http://news.afrindex.com/redianzhuanti/sichuan-feizhou/。

第一章　四川省网信企业与非洲大陆自由贸易区概述

洲国家的交通运输行业中也发挥着重要作用。

以成都市为例，截至2021年上半年，成都市企业在非共备案境外企业和机构60家，协议投资总额超过2万亿美元。2021年上半年，成都市对非工程承包新签合同为1.5万亿美元，实现对外承包工程营业额为1.3万亿美元。2021年9月底，18家成都市对外合作企业及20余家四川省其他相关市州企业参加第二届中国—非洲经贸博览会，涉及食品农产品安全、医药健康、基础设施、产业链合作多方面，四川省展馆选取了东方电气、水电五局、蜀道集团、新希望六和等成都市对外投资合作重点企业进行宣传介绍，参展企业聚焦基础设施、能源化工电力、农业等领域，而网信企业占比相对其他行业来说较少。非洲大陆自由贸易区的建立给中国企业带来机会，特别是具有基础的四川省网信企业，该类企业可以从中获益的一个重要领域就是互联网和信息业务，特别是电子商务和数字经济。比如，专注于非洲市场的跨境B2B电商平台的Afrindex·中非商道，其隶属于四川中网商道科技有限公司，始终坚持"服务非洲，共赢非洲"的使命，建立了以四川成都为运营总部、上海为服务中心总部、非洲贝宁共和国为非洲运营总部、南非为南部非洲次区域总部等多个国家和城市构成的全方位运营体系，积极助力四川女鞋、名茶、名酒、川菜调料、电子信息等产业走进非洲市场。[①]

从整体上看，四川企业对非洲市场的投资领域多、范围广，主要集中于农业、交通运输、能源供应等产业，而对高新技术产业和数字经济产业投资较少。在此背景下，开展四川省网信企业进入非洲大陆自由贸易区的策略研究，提出四川省网信企业走进非洲市场的对策十分重要。

非洲大陆自由贸易区的建立，被视为非洲经济一体化进程不断推进的表现。泛非主义理念的提出有助于非洲国家间增强凝聚力和认同感。非洲大陆自由贸易区的建立有助于实现区域经济一体化，促进区域内贸易投资便利化，使非洲大陆市场聚合性不断增强，进而激发非洲大陆内部贸易活力。有助于落实中非合作顶层设计，进一步推动中非深入合作。2021年1月，非洲大陆自由贸易区正式启动。作为自贸区重点发展的五

---

① 《Afrindex·中非商道助力于四川首批电商跨境产业带走进非洲》，2020年11月5日，中非贸易研究中心，http://news.afrindex.com/zixun/article12405.html。

大新业态之一的信息技术，被视为带动非洲大陆自由贸易区建设的重要引擎。非洲市场潜力巨大，有望成为互联网产业的新蓝海。刚刚起步的电子商务、移动支付的快速普及以及物流成熟度的逐步提高都为非洲电商快速发展打下了基础。四川省出台系列政策举措，积极搭建互联网创新平台，在网信事业方面取得积极进展。虽然四川省网信企业的国际化进程起步较晚，但具备对外开放的巨大发展空间。目前，四川企业对非洲市场的投资领域在高新技术和数字经济产业较少。在此背景下，以四川省网信企业为例，开展网信企业进入非洲大陆自贸区的研究具有理论层面的必要性和实践层面的紧迫性。

第二章

四川省网信企业走进非洲大陆自由贸易区的发展机遇、潜在风险和制约因素

在非洲大陆自由贸易区建立的背景下,"一带一路"建设不断推进,中非合作不断深化。非洲大陆自由贸易区建成后可形成涵盖非洲联盟55个成员国,惠及13亿人口,区域内GDP达2.5兆亿美元的巨大市场。[①]就缔约国数量而言,非洲大陆自由贸易区成立后将成为世界上最大的自由贸易区。同时,非洲大陆自由贸易区也将形成一个高度活跃的市场。面对非洲巨大的市场潜力,四川省企业对非投资的意愿不断增强,但各类复杂的风险事件时有发生。因此,四川省网信企业在走进非洲市场的过程中,既要把握各种发展机遇,也要注意随之带来的潜在风险。

第一节 四川省网信企业走进非洲大陆自由贸易区的发展机遇

一 非洲大陆自由贸易区的建立提供制度保障

网信企业投资非洲市场符合中非发展的共同愿景,拥有国家间发展

[①] 田伊霖:《建设非洲大陆自贸区的机遇与挑战》,《中国外资》2018年第7期。

合作的制度保障。2015 年，习近平主席在中非合作论坛约翰内斯堡峰会上提出中非"十大合作计划"，其中明确提出加强信息通信网络建设是双方合作的重要举措。非洲大陆自由贸易区的建立，更为非洲与中国开展进一步合作提供前所未有的发展机遇。中国政府与非洲联盟签署共建"一带一路"合作规划。该合作规划是中国和区域性国际组织签署的第一个共建"一带一路"规划类合作文件。[①] 2015 年中国政府在约翰内斯堡发表颁布的《中国对非洲政策文件》指出，要建立和发展中非全面战略合作伙伴关系，巩固和夯实中非命运共同体；坚持正确义利观，践行真实亲诚对非工作方针；深化经贸合作，助力非洲工业化、农业现代化，全面参与非洲基础设施建设；等等。[②] 2018 年在打造中非命运共同体的指引下，在"十大合作计划"的基础上，习近平主席在中非合作论坛北京峰会开幕式上提出了实施"八大行动"，包括产业促进行动、设施联通行动、贸易便利行动、绿色发展行动等。其中在贸易便利行动中，习近平主席表明要继续推进中非电子商务合作，支持非洲大陆自由贸易区的建设。[③] 2020 年在"中非团结抗疫特别峰会"上，习近平主席强调中方支持非洲大陆自由贸易区加强互联互通和保障产业链供应链建设，中非将共同拓展数字经济、智慧城市、清洁能源、5G 等新业态合作，促进非洲发展振兴。[④] 2021 年是中非开启外交关系的 65 周年，习近平在"中非合作论坛第八届部长级会议"开幕式上表明中国将同非洲国家继续密切配合，共同实施"九项工程"，其中要大力支持"贸易促进"工程，推动非洲大陆自由贸易区的建设，并再次提出将与非洲在数字经济、智慧城市、电子商务等领域开展新业态合作。[⑤]

---

① 习近平：《在中非合作论坛约翰内斯堡峰会上的总结讲话》，《人民日报》2015 年 12 月 6 日第 2 版。

② 《中国对非洲政策文件》，2015 年 12 月 5 日，中国政府网站，http://www.gov.cn/xinwen/2015-12/05/content_5020197.htm。

③ 习近平：《携手共命运 同心促发展——在 2018 年中非合作论坛北京峰会开幕式上的主旨讲话》，人民出版社 2018 年版。

④ 习近平：《团结抗疫 共克时艰——在中非团结抗疫特别峰会上的主旨讲话》，《人民日报》2020 年 6 月 18 日第 2 版。

⑤ 习近平：《同舟共济，继往开来，携手构建新时代中非命运共同体——在中非合作论坛第八届部长级会议开幕式上的主旨演讲（2021 年 11 月 29 日）》，人民出版社 2021 年版。

第二章　四川省网信企业走进非洲大陆自由贸易区的发展机遇、潜在风险和制约因素

非洲大陆自由贸易区建立后，成员国颁布诸多吸引外企投资的优惠政策，涵盖各个领域，为企业发展提供制度保障。比如，埃塞俄比亚政府决定允许外国公司向其出口基本食品，包括小麦、食用油和糖等，以减轻通货膨胀率加剧带来的负担；加纳将向在当地建立工厂的汽车制造商提供长达10年的税收减免政策，以试图吸引大众集团（Volkswagen Group）和日产汽车公司等国际汽车制造商；津巴布韦的铂和矿石行业已经向外国投资开放，以促进该国经济多元化的发展。① 这些优惠政策的出台和实施，吸引了各国企业对非投资，特别是极大地提高了中国企业到非洲进行投资的积极性和便捷性。

二　非洲大陆自由贸易区的建立发挥市场优势

中非数字经济合作不断迈上新台阶。截至2021年，中国数字经济总规模已稳居全球第二，年均增速达到15%，数据量约占全球的20%，电子商务的规模位居全球第一。商务部的统计信息显示，中国企业赴非投资越来越踊跃。中非投资合作也取得了长足的发展，2020年中国对非新增直接投资42亿美元，是2003年的56倍。中国已经在非洲设立了超过3500家各类企业。自2018年开始，中国与非洲的贸易往来进入上升期。据中国海关统计，2018年，中国与非洲国家进出口总额约为2039.81亿美元，较2017年的1697.5亿美元增长了342.31亿美元。其中，中国对非洲出口约1047亿美元，较2017年增长了102亿美元；自非洲进口约992.81亿美元，较2017年增长了240.31亿美元。2019年中国与非洲国家进出口总额约为2068.32亿美元，较2018年的2039.81亿美元小幅增长了28.51亿美元。2021年，中国与非洲国家进出口总额约为2539.75亿美元。其中，中国对非出口约1480.53亿美元，自非进口约1059.22亿美元，同比增长35.3%，创双边贸易额历

---

① 《非洲国家的政策法规》，2017年3月6日，中非贸易研究中心，http：//news.afrindex.com/zhengcefagui/。

史新高。①

表2-1　　　2018年中国与非洲部分国家进出口额　　（单位：万美元）

	中国进出口	与2017年相比	中国出口	中国进口
南非	4354990.2	↑	1625081.8	2729908.4
安哥拉	2805251.7	↑	225381.3	2579870.4
尼日利亚	1527111.0	↑	1340933.1	186177.9
埃及	1382573.4	↑	1199030.0	183543.4
阿尔及利亚	910485.6	↑	792711.2	117774.4
刚果金	743584.0	↑	177439.8	566144.2
加纳	725354.8	↑	481406.8	243948.0
刚果布	724356.3	↑	44489.9	679866.4
利比亚	620615.9	↑	142860.3	477755.6
肯尼亚	537165.8	↑	519769.8	17396.0
合计	14331488.7	↑	6549104	7782384.7

资料来源：http://news.afrindex.com/zixun/article11618.html。

表2-2　　　2019年中国与非洲部分国家进出口额　　（单位：百万美元）

	中国进口	中国出口	中国进出口
南非	25923	16543	42466
安哥拉	23654	2056	25710
尼日利亚	2652	16623	19275
埃及	1001	12201	13202
阿尔及利亚	1141	6942	8083
加纳	2560	4903	7463
利比亚	4801	2452	7253
刚果金	4429	2077	6506
刚果布	6050	435	6485
肯尼亚	179	4993	5172
十国合计	72390	69225	141615

① 《中国与非洲各国贸易数据》，2020年3月6日，中非贸易研究中心，http://news.afrindex.com/zixun/article12181.html。

第二章 四川省网信企业走进非洲大陆自由贸易区的发展机遇、潜在风险和制约因素

续表

	中国进口	中国出口	中国进出口
非洲合计	93972	112860	206832
十国占比	77.03%	61.34%	68.47%

资料来源：http://news.afrindex.com/zixun/article12181.html。

表2-3　　　　2021年中国与非洲各国进出口—中非
　　　　　　进出口额排名前十的非洲国家　　（单位：百万美元）

	中国进口	中国出口	中国进出口
南非	33227.57	21119.65	54347.22
尼日利亚	3042.16	22641.26	25683.42
安哥拉	20850.56	2493.08	23343.64
埃及	1706.78	18266.61	19973.39
刚果金	111635.03	2757.31	14392.34
加纳	1464.98	8105.16	9570.14
阿尔及利亚	1080.77	6350.06	7430.83
肯尼亚	226.58	6735.26	6961.84
坦桑尼亚	605.56	6138.96	6744.52
摩洛哥	823.97	5689.53	6513.50

资料来源：http://news.afrindex.com/zixun/article12433.html。

非洲大陆拥有的人口数量已超12亿人，因而互联网用户数量也呈逐年快速增长态势。根据数据统计网站Statista的研究，2017年非洲电商市场规模已达160亿美元，2022年超过220亿美元。在数字经济领域，中国企业占据了相当大的市场份额，中非数字经济合作已深入诸多领域，对非洲互联互通起着重要作用，中国已经成为非洲第四大投资国。近年来，数字经济正成为中国助非发展的新方向，[①] 在过去的20年里，中国向非洲提供了较为广泛的信息和计算机技术支持，华为已经建立了非洲

[①] 《数字经济成为疫情下中非经贸合作新亮点》，2021年9月26日，新浪财经，https://finance.sina.com.cn/jjxw/2021-09-26/doc-iktzscyx6435895.shtml。

约50%的3G网络和70%的4G网络。① 中国通信服务股份有限公司推动实施非洲信息高速公路项目，中非发展基金与中国通信服务股份有限公司、烽火科技集团公司积极推动连通非洲各国的"八纵八横"骨干网项目，促进非洲电信基础设施跨越式发展，实现互联互通。② 2017年成立的"四川省网信军民融合发展联盟"着力实施以工业电子商务领军、工业电子商务转型、万企网销能力培育为重点的"三大工程"，大力发展工业电子商务。网信企业成为四川省发展的热门领域，推进四川省网信企业走出国门，加速国际化进程已成为内外发展需求。③ 同时，非洲数字平台、智能设备与移动支付日渐兴起。非洲是全球最后的"数字蓝海"，目前，越来越多的非洲供应商和采购商开始逐渐摆脱传统面对面的交易方式。就国家层面而言，尼日利亚、埃及、肯尼亚、南非等国家电子商务发展较快，分别出现了Jumia、Souq、Kilimall、Takealot等电子商务平台。根据全球移动通信系统（GSM）的数据，截至2017年年底，撒哈拉以南非洲智能手机的用户达到2.5亿人，约占该地区手机使用总人口的1/3。④ 在移动支付领域，以2007年成立的肯尼亚移动支付巨头M-Pesa为例，截至2020年年底，M-Pesa拥有客户4970万人，代理商91.85万人，完成交易150亿笔。2020年，即使在全球新冠疫情大流行期间，M-Pesa的交易量也比2019年增加了45%。根据肯尼亚中央银行提供的数据，这一交易量相当于肯尼亚GDP的一半。⑤ 如今，越来越多非洲民众选择在电商平台上购物。根据麦肯锡的一份报告，随着更多非洲人接入互联网，到2025年网上购物将占零售总额的10%，未来10年非洲网络零售额将以每

---

① 《剑指华为！谷歌投10亿美元与中企竞争，发誓给非洲人一个好未来》，2021年10月10日，腾讯网，https://new.qq.com/omn/20211008/20211008A08RNH00.html。

② 《中非基金、中通服与烽火科技共建"非洲信息高速公路项目"》，2016年6月6日，通信产业网，http://www.ccidcom.com/company/20160606/AaGIvQQW7EY6AGs8.html。

③ 《"四川省网信军民融合发展联盟"正式启动》，2017年8月31日，深圳市莲花百川，https://www.youuav.com/news/detail/201708/16800.html；《四川将实施"三大工程"大力发展工业电子商务》，2018年4月10日，四川网信办，http://www.cac.gov.cn/2018-04/10/c_1122661334.htm。

④ 黄玉沛：《中非共建"数字丝绸之路"：机遇、挑战与路径选择》，《国际问题研究》2019年第4期。

⑤ 《解析肯尼亚移动支付巨头M-Pesa》，2021年12月26日，移动支付网，https://www.mpaypass.com.cn/news/202110/26180421.html。

年40%的速度增长。① 非洲电商行业正迎来巨大发展机遇。

三 非洲大陆自由贸易区的建立挖掘创新潜能

在数字经济时代，产业数字化转型成为非洲大陆加速经济结构转型的新动能，也是实现非洲联盟《2063年议程》的新驱动力量。2020年2月，非洲联盟通过了《非洲数字化转型战略（2020—2030）》，将数字化转型作为非洲大陆经济社会发展的重中之重，致力于从第四次工业革命中真正获益。非洲国家产业数字化进程主要表现为传统农业与数字技术初步融合应用、数字金融服务蓬勃发展、电子商务迅速兴起、数字技术赋能物流业创新发展、医疗卫生领域数字技术创新加速五个方面。② 由此可以看出，非洲国家利用数字技术与传统产业的融合发展正在稳步推进，非洲已然进入数字经济时代。

非洲市场需求和商品需求庞大。大多数非洲国家都依靠进口商品来满足其国民生活的需要。其中，美国、欧洲和中国是其主要商品进口地。据中国海关统计，2018年中国对非洲出口约1047亿美元，较2017年增长了102亿美元。③ 据国际货币基金组织的估计，到2025年，撒哈拉以南非洲的经济增长将超过6.5%。世界银行也认为，如果非洲按目前的增长速度保持下去，一部分非洲国家到2025年将达到"中等收入"水平。④ 同时，非洲数字经济市场增长潜力巨大，早在2013年非洲就有约1.67亿人口使用互联网，随着非洲互联网基础设施逐步完善以及上网成本不断下降，这一数字在不断增加。目前非洲约有3.3亿网民，占全球比例的9.2%。肯尼亚、尼日利亚和南非的互联网用户数量排名前三，分别占国

---

① 《非洲电商：携手中国 共享电商发展红利》，2019年12月13日，环球网，https://oversea.huanqiu.com/article/9CaKrnKojoi。
② 朴英姬：《非洲产业数字化转型的特点、问题与战略选择》，《西亚非洲》2022年第3期。
③ 《2018年中国与非洲各国贸易数据及相关排名》，2019年2月22日，中非贸易研究中心，http://news.afrindex.com/zixun/article11618.html。
④ 《这个54国签署的"成员国最多"自贸区，有多少新商机？》，2022年3月10日，阜新市人民政府网站，http://www.fuxin.gov.cn/newsdetail.jsp?id=660045。

家总人口的 69.6%、51.1% 和 49%。① 据麦肯锡预测，2025 年非洲电子商务市场规模将突破 3000 亿美元，占主要市场零售总额的 10%。② 数字经济不仅在欧美、东亚等地快速发展，而且已经延伸到非洲地区，特别是随着非洲移动互联网的逐步普及，数字经济的诸多形态逐渐被当地的政府和民众接受。全球移动通信系统协会（GSMA）称，撒哈拉以南非洲地区的总体用户渗透率估计为总人口的 44%，虽然大大落后于 66% 的全球平均水平，但预计到 2023 年年底，该地区总体用户渗透率将达到 50%，到 2025 年年底将达到 52%。③ 全国工商联"一带一路"信息报道，非洲 70% 的 4G 基础设施依赖中资企业，华为、中兴、浪潮、传音等中国企业不仅提供信息技术设备、ICT 工程承包，也参与"投建营"一体化运作和多样化的投资合作，帮助非洲改善数字基础设施，提高数字经济发展能力。④

近年来，中国企业在非洲各国数字化转型过程中发挥了重要作用。截至目前，中国企业与非洲当地主要的通信运营商建立了合作关系，为非洲搭建了先进的通信网络。其中，华为公司 2017 年 7 月在南非约翰内斯堡揭牌成立了非洲地区首家信息通信技术创新体验中心。当地民众可以体验到 5G 通信技术、虚拟现实、平安城市、智慧家庭、智能手机及可穿戴设备等研发成果。⑤ 非洲地区首家信息通信技术创新体验中心目前已与南非约翰内斯堡大学等多所高校签订了合作协议。该中心将在未来 5 年为南非培训千名行业人才，以提升南非自身科技发展的水平。此外，中兴通讯的产品和服务已遍布 48 个非洲国家，中兴 1997 年进入非洲市场，目前已为超过 50 个国家、140 个运营商提供设备和服务，截至 2020 年 6 月底，共有 33 个代表处和超过 1000 名员工。除了华为和中兴公司，

---

① 黄玉沛：《中非共建"数字丝绸之路"：机遇、挑战与路径选择》，《国际问题研究》2019 年第 4 期。

② 《新冠疫情下非洲电子商务方兴未艾》，2021 年 9 月 3 日，西亚非洲司，http：//xyf. mofcom. gov. cn/article/zb/202109/20210903194701. shtml。

③ 《GSMA 新研究发现，到 2025 年，超过一半的撒哈拉以南非洲地区将实现移动联网》，2018 年 7 月 19 日，商机网，http：//news. 28. com/hyzx/3/1023163. html。

④ 马汉智：《迎难而上——非洲大陆自由贸易区启动》，《世界知识》2021 年第 1 期。

⑤ 《华为在南非成立非洲首家创新体验中心》，2016 年 7 月 20 日，中国经济网，http：//intl. ce. cn/specials/zxgjzh/201607/20/t20160720_13998322. shtml。

还有传音手机，其超越三星手机成为非洲最大智能手机卖家；滴滴、VIVO 等国产品牌也迅速进驻非洲市场，加速了非洲发展数字经济的脚步。①

综上所述，非洲大陆自由贸易区的建立将成为非洲与世界各国交流的重要枢纽，其贸易优惠政策的支持、庞大的市场需求、基础设施的不断完善以及不断出现的新兴产业等这些新机遇，将进一步助力四川网信企业进入非洲大陆自由贸易区，进而提高其在非洲的市场份额。

第二节　四川省网信企业走进非洲大陆自由贸易区的潜在风险

自 2021 年 1 月启动以来，自贸区已取得了签署自贸协议国家数量增加、就原产地规则达成了 80% 以上共识和贸易投资争端解决机制逐步建立三方面成就。② 目前，《非洲大陆自由贸易区协定》第一、第二阶段的谈判工作已完成，签订了有关货物贸易、服务、投资竞争和知识产权的议定书。新冠疫情暴发使非洲经济严重受挫，这让非洲各国深刻意识到粮食安全、电子商务和数字经济都是未来非洲发展和复苏的重要议题，因此第三阶段的主要任务是商定《非洲大陆自由贸易区电子商务议定书》，促进电子商务交易平台的搭建。非洲大陆自由贸易区的 44 个成员国间经济发展水平差异较大，经济一体化进展不均衡，接受自贸区规则的速度存在较大差异，对有关贸易便利化、过境商品和统一海关程序规则的附属条款接受程度各不相同。③ 在网信企业走进非洲大陆自由贸易区的过程中，具体而言，存在以下潜在风险。

---

① 《非洲数字经济发展的挑战与机遇 中非合作带来新动力》，2020 年 10 月 10 日，中华人民共和国国家发展和改革委员会，https：//www.ndrc.gov.cn/fggz/gjhz/zywj/202010/t20201010_1243970.html?code=&state=123；《第四届世界互联网大会聚焦"数字经济"非洲潜力不容小觑》，2022 年 12 月 16 日，中非贸易研究中心，http：//news.afrindex.com/zixun/article9987.html。

② 《非洲大陆自贸区成立一周年取得初步成果》，2022 年 1 月 13 日，中国政府网，http：//cm.mofcom.gov.cn/article/jmxw/202201/20220103235633.shtml。

③ 朱伟东：《〈非洲大陆自贸区协定〉的背景、挑战及意义》，《河北法学》2020 年第 10 期。

一 网信企业走进非洲大陆自由贸易区面临的政治风险

非洲各国的安全局势复杂,多种不安全因素制约了各国发展。不安全集中表现为经济发展失衡、粮食危机凸显、民族国家分裂与内乱加剧。中国企业对非直接投资面临的战争和内乱风险已经转变为新型的政治暴力风险。在非洲,爆发大规模战争的可能性不大,但是由于非洲的种族、宗教矛盾错综复杂,特别是恐怖主义活动日益猖獗,一些国家的恐怖分子和宗教极端分子试图通过反对政府扩大事端、制造恐怖事件来达到他们的政治目的,这使得非洲地区的政治暴力风险日益凸显。[1] 从投资环境上分析,非洲大陆政局总体趋向稳定,但是局部地区比较动荡,政策相对多变,各民族、宗教之间的矛盾错综复杂。特别是撒哈拉以南非洲国家政治局势和政府政策动荡多变,这些国家政府由于成立时间短,缺乏丰富的执政经验,执政能力和效率的低下将会给外国投资者带来巨大的投资风险。[2] 例如,2020 年"提人阵"和埃塞俄比亚联邦政府之间爆发内战;苏丹和南苏丹局势不稳,族群冲突、街头抗议和政变长期存在;南非和津巴布韦等地绑架、抢劫、盗窃等犯罪频发;中非地区形势相对稳定,但喀麦隆法语区与英语区之间存在长期矛盾;西非萨赫勒地区国家内乱严重,恐怖和极端势力形势严峻。北非的利比亚内战混乱,其他地区相对平稳。同时,受疫情影响,非洲各国出现停产停工的现象,失业人数增多,社会环境也逐渐恶化,各种不安全因素不断增加。[3]

全球数字治理新秩序模式存在分歧,中非合作数字安全威胁不断升级。全球政治局势对中非合作的冲击不可小觑。自贸区建立过程中,中非合作会受到美国、日本、欧盟等发达经济体实行的对非政策的影响。目前,美国的对外贸易政策逐步从以规则为基础的多边主义向以实力为

---

[1] 罗会钧、黄春景:《中国企业对非洲投资的政治风险管理》,《云南财经大学学报》2009 年第 4 期。
[2] 吕强:《中非贸易共享电商发展红利》,《服务外包》2020 年第 5 期。
[3] 《新时期非洲形势与商业机会》,2022 年 1 月 27 日,中非工业合作发展论坛,http://www.beijingreview.com.cn/chinafrica/202201/t20220127 - 800273974.html。

基础的双边主义转变，其对非政策也从以援助为主向将非洲放在平等地位转变，美国已经与非洲多个主权国家和区域组织建立了经贸合作平台。日本方面通过东京非洲发展国际会议（TICAD）和官方发展援助（ODA）等手段，弥补了未与非洲国家或地区达成制度性贸易安排的不足。而欧盟由于历史和地理原因，与非洲国家、区域组织之间的合作较多，如欧盟—非盟峰会、欧盟—非洲商业论坛等。在全球数字治理新秩序模式上，划分了多个阵营。主张"多利益攸关方"模式的国家，强调私人机构、公共机构、民间团体等与政府分享数字治理权，美国、德国，以及印度、巴西等金砖国家都支持"多利益攸关方"方案。主张"多边政府运行"模式的国家，则强调在联合国框架内，由各国政府在全球数字治理中居于主导地位，强调国家主权的重要作用。[①] 中国是"网络主权说"的坚定拥护者，习近平主席在第二届世界互联网大会上强调了网络主权这一概念，一些奉行单边主义者的国家主张"无限主权"，会损害各国网络主权，无法实现网络空间的对话合作和共治。然而，部分国家在这一观点下与中国持相反态度。围绕"数字主权"及其相关地缘政治经济利益，各阵营在"一带一路"合作下的博弈风险日益突出，如欧盟专门提出的针对"一带一路"的"全球门户倡议"。据美国有线电视新闻网（CNN）报道，欧盟已决定向撒哈拉以南非洲地区提供24亿欧元资助，向北非地区提供10.8亿欧元资助，加紧部署数字网络和基础设施，并将与"非洲电力"（Power Africa）等倡议联合起来形成对我国"一带一路"倡议的干预。

在此背景下，中非合作数字安全威胁不断升级。第一，大多数非洲国家仍存在信用知识不确定、信用道德缺失、信用管理不成熟、信用中介服务落后等诸多不足。网络安全公司卡巴斯基实验室的2019年安全公告发现，在2018—2019年，非洲是病毒攻击最活跃的地区之一。在南非，77%的用户担心在网上遇到金融诈骗，64%的消费者不信任数字交易，45%的用户出于安全考虑停止所有数字交易。[②] 第二，"数字丝绸之路"

[①] 姜奇平：《如何合理制定全球数字治理规则》，《互联网周刊》2021年第15期。
[②] 韩晓涵：《卡巴斯基安全公告：卡巴斯基2018威胁预测》，《信息安全与通信保密》2018年第3期。

面临西方国家的干预风险，美国"棱镜门"事件以来，数据安全风险接连升级。近年来，美国、印度等政府显著加大对"一带一路"倡议的制衡，认为"一带一路"对其地缘战略利益构成严重挑战，并在技术标准、国际规则等层面加强对中国的制衡。第三，共建"一带一路"合作国家和地区受到的数字安全威胁也在不断升级，对关乎国家数字主权和国家安全的重要产业（如民航、交通、环保、能源、水利等经济支柱产业）存在较大威胁。

二 网信企业走进非洲大陆自由贸易区面临的经济风险

经济风险源于经济环境和市场环境的变化，如汇率和利率的变化、物价上涨等，尤其体现在市场风险上。市场风险是指未来市场价格（利率、汇率、股票价格和商品价格）的不确定性对企业实现其既定目标的不利影响。市场风险可以分为利率风险、汇率风险、股票价格风险和商品价格风险，市场利率变动的不确定性可能给网信企业造成损失，汇率的波动引起的价值涨跌可能给网信企业造成损失，由股票下跌带来的风险同样可能给网信企业造成损失。受疫情因素影响，网信企业投资非洲市场面临的市场风险增加。例如，人员流动及物资运送的困难程度提高；封城使网信企业无法顺利进行实地考察，项目推进受影响；非洲各国负债增多，到期债务压力不断加大；疫情影响下民众生活消费方式受到影响，进而一定程度上改变经济结构；高债务抑制资本流动，造成金融市场波动。

三 网信企业走进非洲大陆自由贸易区面临的社会风险

中国网信企业"走出去"不仅输出"工具类"应用软件，本质上还是中国文化、中国生活模式的展示。网信产品与用户习惯、行业渗透率、地区文化密切相关，一旦在初始阶段抢得先机，后续其他企业进入的难

第二章　四川省网信企业走进非洲大陆自由贸易区的发展机遇、潜在风险和制约因素

度很大。① 新冠疫情暴发以来，数字经济和远程办公不断推进，跨境电商、移动支付、网上会展、远程医疗、在线教育等新业态带来前所未有的发展机遇，使非洲经济结构转型持续改善，但依然存在诸多社会风险，如习俗差异、文化差异、语言差异、习惯差异等，加之新冠疫情所造成的新型社会问题仍旧显著，比如不可避免的社会动荡、粮食危机、医疗短缺等，影响着中非合作。

四　网信企业走进非洲大陆自由贸易区面临的技术风险

中非数字基础设施存在较大"鸿沟"。第一，中非数字基础领域存在较大的数字鸿沟，中国已在5G网络、数据中心等新型基础设施建设领域取得了一定的成效，而非洲跨国跨区域通信网络不完善，网络服务覆盖范围有限，通信基础设施供给能力不足，电力和其他配套基础设施的增长相对缓慢，与中国相比还存在不小的数字鸿沟。通信基础设施的建设不足仍然是非洲发展信息通信的最大瓶颈。网信企业的创新模式可以归为三类：新模式、新产业、新技术。创新科技壁垒低和大量资本注入带来了商业模式的兴起，但缺乏构建起产品核心竞争力和产业链的战略布局，导致之后产品带来的利润和公司估值支撑不起公司前期的回报，出现了商业模式创新的困境。② 第二，非洲大部分国家间数字网络联通能力薄弱，跨大陆光纤穿透能力有限，海底光缆传输连接发展滞后，跨国跨区域通信网络不完善，宽带网络功能保障有限，接入成本昂贵。第三，非洲大部分国家数字基础设施投资滞后，中国国家资源中心"一带一路"大数据中心对埃及（第16位）、南非（第11位）、埃塞俄比亚（第60位）、摩洛哥（第60位）等71个共建"一带一路"合作国家的"数字丝绸之路"基建指数进行了评估，尚有22个非洲国家由于数字基础设施投

---

① 李林、支振锋主编：《中国网络法治发展报告（2019）》，社会科学文献出版社2020年版，第446页。
② 罗会钧、黄春景：《中国企业对非洲投资的政治风险管理》，《云南财经大学学报》2009年第4期。

资滞后而没有资格入围。① 非洲国家在资金、人才和技术等方面普遍存在短缺的问题。在基础设施、能源矿产、制造业和农业等领域，非洲国家希望中国增加对其投资。

五　网信企业走进非洲大陆自由贸易区面临的法律风险

《巴塞尔新资本协定》（"Basel Ⅱ"）认为法律风险包括但不限于由于监管措施而产生的罚款、刑罚、惩罚性赔偿以及私下和解等。② 国际律师联合会（IBA）认为法律风险是由瑕疵交易、主体的请求、抗辩和反诉、法律变更和主体资产未采取合适措施受损而导致的。③ 中国人民法院认为，诉讼风险是指因行使权利或者履行义务不当而产生的不利裁判后果。本书认为，法律风险是指主体因行为不符合法律规定需承担的不利法律后果。网信企业走进非洲大陆自由贸易区面临以下潜在的法律风险。

（一）准入时面临的安全审查风险

近些年来，中国的互联网国际市场竞争力逐渐增强，一些国家（如美国、加拿大和澳大利亚等）实施旨在遏制国外网信企业投资的新规，因此中国网信企业赴海外投资正面临具有指向性的安全审查风险。网信

---

① 《2021 "一带一路" 国家基础设施发展指数发布，东南亚基建需求旺盛》，2021年7月28日，中国对外承包工程商会，https://www.sohu.com/a/479959706_121123920。

② Legal Risks Includes, but is not Limited to, Exposure to Fines, Penalties or Punitive Damagesresulting from Supervisory Actions, as well as Private Settlements. Base ii: International Convergence of Capital Measurement and Capital Standards: A Revised Framework, http://www.bis：org/publ/bcbs128.pdf.

③ Legal Risk is the Risk of Loss to an Institution Which is Primarily Caused by: (a) a Defectivetransaction; or (b) a Claim (Including a Defense to a Claim or a Counterclaim) being Made or Someother Event Occurring which Results in a Liability for the Institution or Other Loss (for Example, as Aresult of the Termination of a Contract) or ; (c) Failing to Take Appropriate Measures to Protect Assets (for Example, Intellectual Property) Owned by the Institution; or (d) Change in Law.

企业聚焦于高新技术行业,包括 5G、半导体、人工智能等重点领域,例如美国的《外国投资风险审查现代化法》以及欧盟的《建立欧盟外商直接投资审查框架条例》都有体现。在外国政府对网信企业进行审查时,往往会审查政府对企业的控制关系,这对于中国网信企业非常不利。中国网信企业与其他国家的企业相比,合规成本更高,并且通过审查难度更大。2018 年以来,美国特朗普政府对中国大型网信企业进行了不公正的制裁与刑事指控,强化了其他国家对中国网信领域的投资审查,其中也包括非洲大陆自由贸易区国家,使得中国网信企业海外投资面临新的挑战。

(二) 知识产权法律风险

中国颁布并实行的《对外贸易壁垒调查暂行规则》将投资国政府不作为、投资国给中国产品或服务造成限制、投资国对中国造成不合理损害三种情形列为知识产权壁垒。知识产权壁垒对企业进入市场设置障碍,构建技术和标准高墙,对企业的国际市场竞争力造成严重损害。知识产权壁垒的实质是 21 世纪知识经济时代发达国家在全球推行贸易保护主义的工具。[①] 当今时代,随着诸多发展中国家的崛起,部分发达国家感到自己的霸主地位受到了严重威胁,本国企业竞争力下降,产业转型停滞不前,此时发达国家便设置壁垒,禁止国外投资者进入国内市场。知识产权壁垒上的典型案例就是由美国国际贸易委员会(ITC)负责的"337 调查"。该调查根据美国《1930 年关税法》,对进口贸易中的不公平行为发起调查并采取制裁措施。制裁措施没有客观的标准与相关数据的要求,只要美国行政部门认为对美国市场或者本地竞争者造成或可能造成一定程度的威胁,美国行政部门都会自动发起制裁与调查。遭受调查的结果,将会导致整个企业甚至相关行业产品都无法进入美国市场。[②] 对于谋求发展的中小型企业而言,这可能使其失去一个极具潜力的市场。而对于大

[①] 温芽清、南振兴:《国际贸易中知识产权壁垒的识别》,《国际经贸探索》2010 年第 4 期。
[②] 余乐芬:《美国"337 调查"历史及中国遭遇知识产权壁垒原因分析》,《宏观经济研究》2011 年第 7 期。

企业而言，市场的丢失甚至可能会导致股市的波动，可谓致命打击。"337 调查"数量存在显著上升趋势的两个时间阶段，主要是在中国加入世界贸易组织和美国爆发金融危机后的几年时间里。20 世纪初，中国与此调查有关的案件数量占全球总量的 30%以上，应对该调查的败诉率高达 33%。由于中国的商品与服务价格低廉、质量优良、功能先进，美国等发达国家通过提高市场进入门槛，严苛技术标准，恶意阻挠中国产品或服务进入美国国内市场，从而达到减轻对市场冲击的目的。① 这种行为，严重背离了知识产权制度为促进全球知识经济发展的宗旨，严重破坏了市场经济的公平竞争机制。目前，美元在国际结算中的地位无可替代，美国已建立了成体系的长臂管辖制度。只要企业或个人在全球开展业务可能与美国发生关联，那么该企业或个人的某些业务或行为就将受到美国法律的管辖。② 以美国长臂管辖重点事项——反腐败为例，1977年，美国制定了《反海外腐败法》。该法不仅对在美融资的私人发行人、非居民企业进行管辖，而且借由代理理论和共谋责任理论不断扩张其管辖范围，给中国企业带来了巨大影响。一些受殖民历史、国家利益等影响的非洲大陆自由贸易区国家受制于美国制度规则，知识产权壁垒风险极具不确定性。③

商标是用于区分产品与服务的标记。《巴黎公约》是世界上最早保护商标的国际条约，由于商标权的地域性，企业想要获得在某国的注册商标专用权，就必须在相应国家进行注册申请，并通过授权。如果没有申请注册并通过授权，该国就不需要对此商标进行保护。《马德里协定》对该协定的缔约国成员同等对待，协定成员国成员可以申请商标的地域延伸保护。商标被恶意抢注是指，竞争对手为了赢得竞争，获取利益，明知是他人商标，却依靠地域国别优势，将他人的在先权利提前申请注册的行为。本书以"海信"商标被抢注案为例进行介绍。1993 年，海信集

---

① 徐艳：《知识产权壁垒对我国高新技术产品出口的影响研究》，《改革与战略》2015 年第 5 期。

② 《深化"业法融合"力促合规发展》，2020 年 10 月 2 日，《人民邮电报》网站，https://paper.cnii.com.cn/user/login/rmydb.html。

③ 李林、支振锋主编：《中国网络法治发展报告（2019）》，社会科学文献出版社 2020 年版，第 446 页。

团通过向中国商标局申请核准注册，取得"海信"和"Hisense"商标权。1999年，该公司获得驰名商标。然而，就在海信集团获得驰名商标后仅一周内，德国博世西门子公司紧急在德国注册了"HiSense"商标，虽然略有不同，但是仅一个字母的微小差异，仍然会对海信集团在德经营产生威胁。随后海信集团就商标权问题与德国公司产生纠纷。起初，德国公司想要以4000万欧元转让商标所有权，但双方未达成一致，海信集团被告侵权，后经协商达成和解。通过此案例，我们可以看出，在国际竞争中，竞争者通常采用率先注册商标的方式来阻碍国际贸易者的对外投资，其实质是通过商标"合法"申请，获取经济利益，掩盖具有主观恶意的商标侵权不法行为。在"海信"商标被抢注案中，最开始海信集团被索要4000万欧元的"侵权"费用，这笔巨款足以对改革开放初期这一国有独资企业的对外投资造成严重打击。海外抢注者的直接动机是要求巨额赔偿，其直接目的是获取经济利益，为海外投资者进入国内市场设置障碍，根本目的则是防止海外投资者对国内市场的冲击。所以，商标被恶意抢注不仅面临着法律层面被海外经营者指控侵权的法律风险，打击中国企业"走出去"的信心，还会在国际上对中国企业的声誉造成严重影响。

除了上述两种典型的自身知识产权遭受侵害的风险表现形式外，中国海外投资者还可能面临东道国政府的恶意阻挠或者客观环境下无法保障自身知识产权权益的情况。专利申请人只有通过申请，经合法程序被授予专利权，其专利才能够获得申请国家的行政保护。各国专利制度的差异会导致权利人无法保持对其法律风险和商业利益的准确及时评估。[①]按照国际上专利法的相关规定，在先技术与公知技术可以成为专利侵权的抗辩理由。然而，在高铁专利申请上，竞争对手往往将公知技术和在先技术作为原因，提出专利异议或者专利无效，延长中国专利申请获权的时间，耗费中国海外投资企业的精力，给中国企业顺利申请造成阻碍。投资国竞争者也会跟踪中国专利研究情况，在此基础上继续研发申请，进行专利围堵。商业秘密关乎企业生存，是企业的核心技术、重要秘密。

---

① 崔鸽：《论外贸企业商业秘密泄露的风险防范制度》，《河南师范大学学报》（哲学社会科学版）2014年第1期。

海外投资企业中不乏国籍不同的工作人员，商业秘密虽然具有不为公众所熟悉的秘密性，但是对于内部工作人员而言其秘密性有所降低。由于国际竞争有时不仅涉及企业利益，更对国家战略发展具有重要影响，而商业秘密遭遇泄露也使知识产权方面可能存在风险。因此，在进行海外投资的过程中，尤其需要关注外籍人士的工作性质、工作部门以及人员调动时的相关情况。除此之外，中国知识产权在海外的价值评估上也存在问题。由于评定标准和评定方法的不同，海外企业在国内进行的价值评估往往不同于在国外进行的价值评估。同时，东道国评估机构也可能会为了赢得竞争而恶意降低评估价值，这侵犯了企业的知识产权，并最终影响企业营收。

被指控侵犯知识产权的风险存在两种情况。一种情况类似于由于知识产权壁垒的设置，投资国以"合法"的方式对中国企业提出侵权诉讼，然而实则是中国海外投资企业的合法权益受损。另一种情况是中国企业确实侵犯了东道国的知识产权，面临侵权诉讼风险。在一些知识产权规定与中国存在差异的国家，如果按照中国内地对于知识产权的相关规定进行海外投资，势必会造成一定程度上的"水土不服"。在一些政治变动频繁、经济发展落后的国家，其知识产权保护并不完善，有关知识产权的规定不细致、不科学，此时受到当地知识产权诉讼的风险就会加大。

（三）运营时面临侵犯隐私权风险

海量数据是网信企业的重要资产之一，是企业快速发展、做大做强的机遇，但同时也成了风险的来源。网信企业的数据应用涉及数据采集、数据存储与数据使用和流通等环节。数据采集，时常面临用户授权不充分问题等过度采集问题，因此建立信息采集权限动态审查机制确保核心功能获得充分授权，避免因过度采集个人信息受到商誉损失和处罚（如经济赔偿、停业整顿、吊销营业执照）十分重要。数据存储，应兼顾符合国家法律和企业发展需要，这就要求企业应当尽可能地采取高水平的技术防护措施并制定严格、安全的数据管理制度。数据使用和流通，要注意内部监管，数据的安全管理人员、操作人员、审计人员应分别设置，使其形成有效的制衡，防止内部泄密情况的发生。非洲大陆自由贸易区国家在隐私方面对网信企业有着严格的约束。其实，很多国家都将隐私保护作为人权的重要组成部分。在西方国家的文化渗透和某些西方非政府组织的宣传下，一些国家政府和民众容易对中国网信企业的运营产生抵触心理，错误地认为中国网信企业肆意获取、使用和披露个人数据和信息，进而危害个人安全、公共利益和国家安全。在一定程度上，西方推崇的个人信息和数据强保护模式制约着中国网信企业的海外扩张。[1] 高标准的隐私保护等人权规范增加了中国网信企业的海外运营成本与风险。[2] 例如，TikTok 曾因未经监护人允许非法向 13 岁以下儿童收集姓名、电子邮件和其他信息违反了美国《儿童在线隐私保护法》被美国联邦贸易委员会处以创纪录的 570 万美元罚款。从趋势上看，域外国家的多元化且频繁更新的法律规范，以及不断提高的对个人信息和未成年人网络权利保护的标准，对中国网信企业海外运营产生了较大的法律风险。在新冠疫情的冲击下，各国都面临着重大突发公共卫生事件的冲击，针对运营商在重大突发公共卫生事件中，如何合规发布公益信息、如何在利用数据支撑联防联控的同时保护个人隐私都值得关注。

（四）中非法律差异问题带来的风险

首先，受殖民宗主国影响较大的非洲法律体系十分混乱，中非的法律文化差异大。由于曾经被英国、德国、法国、西班牙、葡萄牙等国家殖民侵略，非洲大陆内法律体系主要为英美法系，但也存在法律体系混乱的特点。而中国近代以来深受大陆法系影响，如今为社会主义法系，在诸多法律原则与规则上与非洲地区存在较大差异。因此，有关法律的适用问题不可忽视。其次，非洲部分国家法律制度查明难度高，自身法治建设发展还不够完善。中国有关非洲地区法律适用信息不够完善，新

---

[1] 孙南翔：《"逆全球化"背景下中国高新技术企业海外投资的风险与应对》，《重庆理工大学学报》（社会科学版）2020 年第 11 期。

[2] 李林、支振锋主编：《中国网络法治发展报告（2019）》，社会科学文献出版社 2020 年版，第 446 页。

规追踪也不够及时。最后。非洲的司法效率低,部分非洲国家的法院案件审限极长,不能有效保障中国投资者的合法权益。网信企业投资非洲大陆可能会面临一些具体的法律问题,如在劳动法领域有关劳动者的权益保障问题。

第三节 四川省网信企业走进非洲大陆自由贸易区的制约因素

一 非洲内部制约因素

非洲国家间发展不平衡。非洲一共有 61 个国家和地区,其中 54 个国家和 7 个地区,总人口超过 13 亿人,但非洲人口分布不均,有人口超过 1 亿人的国家,也有人口不足 150 万人的国家。非洲人口占世界人口的 16%,大部分都为低收入国家,且收入只占世界收入的 5%。非洲国家的贸易开放度也存在很大的差异。据统计,非洲国家进出口总额占 GDP 的 38%—140%。据联合国贸发会议发布的《非洲 2021 年经济发展报告》,非洲国家之间和内部的不平等在加剧。衡量收入分配的基尼指数范围从阿尔及利亚的 27.6% 到南非的 63.3%。[①] 除了南非、尼日利亚两大经济体,其他非洲国家经济发展水平总体偏低,给发展水平较高的国家带来一些顾虑,因此其对自贸区建设框架协议中的部分条款仍持保留意见。非洲国家之间的经济不平衡,很大程度上会影响各国的进出口贸易水平,进而会制约非洲大陆自由贸易区的整体发展。探讨如何沟通协调经济发展水平不同的各国之间的认知差异,如何缓解利益冲突,如何公平地实现全大陆共享自贸区红利的目的,对于自贸区的建设具有重大意义。

非洲大陆基础设施不完善。非洲整体上经济脆弱性强,对外贸易依赖程度高。由于历史原因以及工业化程度低,非洲的出口产品类型集中于初级农产品和矿业资源,未能形成独具特色和具有竞争力的出口优势,无法抵御全球化浪潮中激烈的外部竞争。基础设施差距是非关税贸易壁

[①]《非洲 2021 年经济发展报告》,2021 年 12 月 12 日,联合国贸发会议,https://www.sohu.com/a/507587561_121119270。

第二章　四川省网信企业走进非洲大陆自由贸易区的发展机遇、潜在风险和制约因素

垒三大问题（非关税贸易措施、基础设施差距、其他与贸易有关的交易成本）之一。与其他区域相比，非洲的港口质量、航空运输和其他基础设施建设都很落后。鉴于非洲大陆的地理位置，降低地面运输成本对于鼓励区域内贸易尤其重要。近年来，非洲大陆采取了一些旨在解决基础设施短缺问题的举措，但要产生效果还需要时间。国际货币基金组织《世界经济展望报告》估计非洲贸易物流质量提升至全球水平，可能大幅降低货物跨境流动成本，并使区域内贸易增加12%以上。非洲大陆基础设施建设较为落后，仍无法达到世界平均水平。国家间的交通网络构建不完善、区域供电存在问题，超过6.45亿人完全没有电力供应，这些都是严重阻碍非洲一体化进程的不利因素。

非洲区域支付体系不统一。非洲大陆自由贸易区的建立将打破贸易壁垒，逐步建立移动支付系统，各成员国家的电子商务平台建设正在寻求与各种先进技术的融合，如人工智能、预测分析、云计算等。未来，众多电子商务公司将不断注重销售终端、移动支付方式优化以及基于程序的各类技术创新，进而提升市场竞争力，占据更多市场份额。但目前，西非法郎区包括西非经货联盟的8个成员国，其他各国有各自的通行货币。充分发展的区域金融基础设施十分必要，这一基础设施可包括协调区域支付系统甚至统一区域通行货币，以进一步便利跨境支付，降低支付风险。[1]

非洲区域法律制度不同。非洲是发展中国家最集中的大陆，传统强国通过征服和殖民的方式将自己的法律传统移植到发展中国家，发展中国家遵循的法系则深受历史原因的影响。[2] 非洲大陆法产生于欧洲大陆的法国、比利时、葡萄牙、西班牙等殖民国家将其本国法律直接移植到非洲。[3] 现今的塞内加尔、尼日尔、几内亚、马里、刚果（金）、刚果（布）、中非共和国、乍得、多哥、安哥拉、莫桑比克、卢旺达、布隆

---

[1] 《非洲2021年经济发展报告》，2021年12月12日，联合国贸发会议，https：//www.sohu.com/a/507587561_121119270。

[2] 《周塞军："一带一路"沿线国家法律体系各不相同》，2021年5月8日，中国侨网，http：//www.chinaqw.com/jjkj/2015/05-08/48604.shtml。

[3] 孙南翔："逆全球化"背景下中国高新技术企业海外投资的风险与应对，《重庆理工大学学报》（社会科学版）2020年第11期。

迪、吉布提等都是大陆法系国家。① 南非、毛里求斯和喀麦隆等国家先是欧洲大陆法系国家殖民地，后是英国殖民地，大陆法系和普通法系相继植入，相互融和，形成独具特色的混合法系。② 法系不同，有关法律规则的具体规定也存在差异。本书以大陆法系与英美法系有关知识产权侵权赔偿原则为例，展示不同法系间具体原则与规定的差异。英美法系传统理论认为，对于人的精神方面的损害是难以估量的，惩罚性赔偿在一定程度上可以有效弥补对当事人造成的财产和精神伤害，尽量减少对人的财产与精神的损伤。③ 因此英美法系采取惩罚性赔偿的知识产权侵权赔偿原则，而大陆法系中的传统理论则认为，主体要承担民事责任应当是为了恢复受害人被侵犯的民事权利，使民事权利得以救济即可，无须继续进行超过限度的赔偿追责。因此，民事责任大多应不具备惩罚的性质，一定程度上也遵循了民法调整民事法律关系应遵循的平等原则。由此看来，大陆法系采取补偿性的知识产权侵权赔偿原则。通过上述对比分析可以看出，不同法系国家有关知识产权侵权赔偿原则，秉持的价值理念差异比较大，这也影响着知识产权规定的方方面面。除此之外，法律分类、法律表达、法律表现、审判模式以及法律适用规则等都存在差异，同一纠纷在不同法系国家之间的争端解决也会有所不同。多样差异性将会降低法律的普遍适用性，此时，如果对不同法系下具体的法律规定不了解或了解不及时，就会给海外投资者带来法律风险。④ 以商标权取得为例，各国对于商标权取得的原则存在差异，主要包括三种原则。第一是使用原则，使用原则以使用事实为依据，谁先使用此商标，谁就取得该商标的知识产权，采取此原则的国家有美国等。第二是注册原则，这是以行政部门注册审核为标志的，只有率先在投资国的知识产权行政管理部门进行登记注册，才能率先取得商标权。第三是混合原则，是前

---

① 《非洲：世界法律的"万花筒"》，2011年2月1日，搜狐网，http：//news.sohu.com/20110201/n279187401.shtml。

② 《荟萃世界各大法系的非洲法》，2006年11月3日，新浪网，https：//news.sina.com.cn/o/2006-11-03/082410402497s.shtml。

③ 朱广新：《美国惩罚性赔偿制度探究》，《比较法研究》2022年第3期。

④ 李玉璧、王兰：《"一带一路"建设中的法律风险识别及应对策略》，《国家行政学院学报》2017年第2期。

两种原则的折中，根据具体情况选择适用。在中国，商标权取得采取注册原则，商标所有人只有经过申请、经国家商标局认定后才享有专用权，采取注册原则的还有大陆法系的部分国家。区域制度的巨大差异、国别法律制度规定的不同，都增加了投资的不确定性。

二 非洲外部制约因素

全球数字治理新秩序模式存在分歧，中非合作数字安全威胁问题严峻。在自贸区建立过程中，中非合作会受到美国、日本、欧盟等发达经济体实行的对非政策的影响。一些西方国家围绕"数字主权"及其相关地缘政治经济利益，专门提出针对"一带一路"倡议的以干预中国的对外战略。在隐私权问题上，西方国家对非进行文化渗透，部分西方非政府组织恶意抹黑中国投资网信企业，一些国家政府和民众容易对中国网信企业的运营产生抵触心理，错误地认为中国网信企业肆意获取、使用和披露个人数据和信息，[1] 这对中国投资十分不利。

中国投资者自身对海外知识产权保护认识不足。不少投资企业看中海外投资红利，盲目跟风投资，但事先并未对非洲国家的知识产权保护情况与制度政策进行充分的研究与分析。主要体现：第一，对投资国的知识产权法律政策、行政执法情况和司法保护状况没有进行充分的了解；第二，没有对东道国竞争对手的知识产权申请数量进行事先调研，对新时代下特殊知识产权的保护不敏感；第三，轻视了非洲国家（地区）间的制度差异，有时在对邻近国家进行投资时一贯地认为制度相似或者相近，但是海外国家的制度选择往往与其历史传统和政策方针等有很大的关系，临近国家也可能存在较大的制度差别。

海外知识产权人才和储备严重欠缺。一方面，自身知识产权实力不强，研发具有国际竞争力技术、产品的科研人才不足。虽然中国在2018年就已经成为国际专利申请的第二大来源国，但是根据世界知识产权组织发布的《世界知识产权指标（2020）》，中国有效专利平均寿

---

[1] 《非洲：世界法律的"万花筒"》，2011年2月1日，搜狐新闻，http://news.sohu.com/20110201/n279187401.shtml。

命最短，只有 7.6 年，远远低于世界平均水平。在海外专利申请方面，中国是申请被驳回比例最高的国家。另一方面，企业的海外知识产权战略布局不足。① 从国别看，采取何种知识产权战略与投资国的经济发展、技术保护等密切相关。从区域看，不同国家知识产权保护情况与保护意识存在较大差异。发达和发展较快的发展中国家更重视对于智力成果与技术创新的保护，而落后地区由于政治动荡、经济滞缓、社会矛盾复杂，无法满足对于知识产权保护的基本要求，落后于世界普遍保护水平。从行业看，互联网信息化等依赖新技术的前沿行业在发达国家和地区会出现知识产权集中的情况，这对于发展中国家知识产权的申请增加了难度，难以展开知识产权的规划布局。如果企业海外知识产权战略布局不足，企业新申请知识产权的难度便会加大，企业的管理与经营势必会受到影响。

中国缺乏全面、系统的海外法律资料库和案例检索库。重要的信息资源是中国企业海外投资前进行检索和查询的关键，可以帮助企业有针对性地获取所需要的政策规定和既往判例。然而，目前中国国内缺乏有关非洲国家（地区）法律环境系统、全面的介绍资料，缺乏海外法律资料库和案例检索库。以往资料一般只关注到东南亚、欧洲等国家的知识产权保护情况，而很少将关注点落脚到相对落后和潜力较大的发展中国家，进而导致对这些地区的关注度较低，缺乏相应的资料分析，企业依靠自己的力量寻找本就稀缺的资料变得更加困难。

缺乏国际化知识产权法律人才以及翻译人才。优秀、正确的文本翻译是了解一国（地区）法律规定的前提，然而目前中国对语言服务关注十分有限。② 非洲大陆自由贸易区国家有着复杂的法律环境，对于律师行业而言，其服务空间较大。然而，目前中国涉外知识产权法律人才严重缺乏，律师处理涉外知识产权问题的能力不高。根据全国律师工作会议，面对"两保两反"问题，中国目前能够熟练办理与此相关的涉外知识产

---

① 卢海君、王飞：《"走出去"企业知识产权风险研究》，《南京理工大学学报》（社会科学版）2014 年第 2 期。
② 王莲峰、牛东芳：《"一带一路"背景下我国企业海外知识产权风险应对策略》，《知识产权》2016 年第 11 期。

第二章 四川省网信企业走进非洲大陆自由贸易区的发展机遇、潜在风险和制约因素

权法律业务的律师较少,能够在 WTO 上诉机构独立办理业务的律师只有数名。[①] 由于缺乏熟悉非洲大陆自由贸易区国家法律的人才,中国网信企业海外投资将会失去法律层面的保障,这是十分不利的。

非洲大陆自由贸易区的建立,为非洲与中国开展进一步合作提供了前所未有的发展机遇。首先,网信企业投资非洲市场符合中非发展的共同愿景,拥有国家间发展合作的制度保障。其次,非洲大陆拥有超过 12 亿人口,具有巨大发展潜力,市场优势凸显。最后,非盟将数字化转型作为非洲大陆经济社会发展的重中之重,自贸区的建立将挖掘创新潜能,推动非洲各国数字化发展。随着中国与非洲大陆自由贸易区国家间的经贸往来逐渐增多,加之非洲大陆自由贸易区国家众多、国情各异、区域制度规则复杂等,四川省网信企业面临走进非洲大陆自由贸易区的潜在风险。这些风险包括四川省网信企业走进非洲大陆自由贸易区面临的政治、经济、社会、技术和法律风险,由此进一步分析政府如何引导网信企业化解和规避国际化经营中的风险以及网信企业应如何提高自身应对风险的能力。

[①] 陈宜:《"一带一路"战略下律师行业的机遇与挑战》,《中国司法》2016 年第 3 期。

第三章

四川省网信企业走进非洲大陆自由贸易区的调研与分析

第一节 调研设计

一 问题设计

调研基于非洲大陆自由贸易区投资环境与影响四川省网信企业进入非洲市场的关键要素，探讨四川省不同类型网信企业走进非洲市场的战略对策。并充分考虑四川省网信企业走进非洲大陆自由贸易区的发展机遇和潜在风险，通过风险识别，提出基于三分类的四川省网信企业走进非洲大陆自由贸易区的战略对策，以推动网信企业的可持续发展。

本书通过充分梳理已有文献，结合 PEST 分析法，从政治（Political）、经济（Economic）、社会（Social）和技术（Technological）四个方面确定调研的具体问题。政治风险（Political Risks）对应的题项为"PR1 企业走进非洲大陆自由贸易区在政府网络安全审查方面存在的风险""PR2 企业走进非洲大陆自由贸易区在制度规则方面存在的风险""PR3 企业走进非洲大陆自由贸易区在法律方面存在的风险""PR4 企业走进非洲大陆自由贸易区在政治方面存在的风险"。经济风险（Economic Risks）对应的题项为"ER1 企业走进非洲大陆自由贸易区在跨境支付方面存在的风险""ER2 企业走进非洲大陆自由贸易区在市场方面存在的风险"。社会风险（Social Risks）对应的题项为"SR 企业走进非洲大陆自由贸易区在社会方面存在的风险"。技术风险（Technological Risks）对应的题项为"TR 企业走进非洲大陆自由贸易区在技术方面存在的风险"。

二 问题内容效度分析

内容效度是指衡量调查问卷的内容切合研究主题的程度。考察内容效度旨在检验测量内容的适当性，并根据对所研究概念的了解去鉴别测量内容是否反映了这一概念的基本内容。[①] 问卷的内容效度是一个主观性很强的指标，因而对内容效度的分析一般采用专家打分法进行。专家打分法，即通过匿名方式征求相关领域专家的意见，对专家的意见进行统计、处理、分析和归纳，客观地综合多数专家的经验与主观判断，对大量难以采用技术方法进行定量分析的因素做出合理估算，经过多轮意见征询、反馈和调整后，完成对目标对象的评估。该方法计算简便、直观性强，能够对无法定量化的指标进行定性评估。[②]

为保证本调查问卷的科学性和可行性，在严格遵循问卷设计原则的基础上采取专家打分法检验问卷的可信度。研究团队邀请了 10 位中非问题研究领域的专家进行打分，专家包括中华人民共和国驻冈比亚共和国大使馆三秘、中华人民共和国驻加纳共和国大使馆政务参赞、中华人民共和国驻加纳共和国大使馆工作人员、加纳大学孔子学院负责人、中国非洲史研究院研究员、云南大学非洲研究中心研究员、加纳中华工商总会会长、贝宁华侨华人会会长、中非贸易研究中心负责人等。专家打分法计算采取加法评价型，即由专家进行打分，得出指标分值，将评价各指标项目所得分值加法求和，按平均分来表示评价结果。具体评分结果

[①] 曾五一、黄炳艺：《调查问卷的可信度和有效度分析》，《统计与信息论坛》2005 年第 6 期。

[②] 惠婷婷等：《浅析专家打分法用于清河流域水环境管理能力提高效果评估的可行性》，《农业与技术》2016 年第 9 期。

见表 3-1。

表 3-1　　对问题内容效度检测的专家打分结果

评价项目	评价等级	专家1	专家2	专家3	专家4	专家5	专家6	专家7	专家8	专家9	专家10	平均分
PR1	(1) 级: 7—10 分	8	9	7	7	9	8	8	9	7	8	8.0
	(2) 级: 4—6 分											
	(3) 级: 1—3 分											
PR2	(1) 级: 7—10 分	7		8		7	7	9		8	7	7.0
	(2) 级: 4—6 分		6		5				6			
	(3) 级: 1—3 分											
PR3	(1) 级: 7—10 分	7	7	9			7	8	8		9	7.3
	(2) 级: 4—6 分				6	6				6		
	(3) 级: 1—3 分											
PR4	(1) 级: 7—10 分		7	7		8	8		9	8	7	7.1
	(2) 级: 4—6 分	6			5			6				
	(3) 级: 1—3 分											
ER1	(1) 级: 7—10 分	9	8	8				7		9	9	7.3
	(2) 级: 4—6 分				6	6	5		6			
	(3) 级: 1—3 分											
ER2	(1) 级: 7—10 分	7	9	8					7	7	9	7.1
	(2) 级: 4—6 分				6	6	6	6				
	(3) 级: 1—3 分											
SR	(1) 级: 7—10 分	7		9			8	8		8		6.9
	(2) 级: 4—6 分		5		6	6			7		5	
	(3) 级: 1—3 分											
TR	(1) 级: 7—10 分			9	8	9	7	7		7	8	7.2
	(2) 级: 4—6 分	6							5		6	
	(3) 级: 1—3 分											

根据以上各项指标及具体题目的评分,可以看出各题项指标分数均

为 6 分以上，表明本次调研设计的问题符合要求。

第二节 调研实施

为了使对策建议更具科学性，本研究采取了三种方法进行调研。第一种方法是最优最劣多准则决策法，调研对象为加纳网信企业，该方法根据经科学检验的题目确定最优最劣多准则决策法调研设计，本调研委托加纳 DAL CONSULTANCY CO. LTD 咨询公司，选取加纳网信企业相关负责人作为调研对象，邀请 50 名受访者填写调研问卷（见附录 1）。第二种方法是问卷调查法，问卷包括中文问卷（见附录 2）和英文问卷（见附录 3），问卷根据经检验的题目确定，向四川省网信企业员工和以加纳、肯尼亚为重点代表的非洲网信企业相关负责人发放。第三种方法是结构访谈法，访谈对象为四川省网信企业相关负责人（见附录 4）和肯尼亚网信企业相关负责人（见附录 5）。

一 基于最优最劣多准则决策法的调研

最优最劣法（Best Worst Method，BWM）是由 Jafar Razaei 在 2015 年提出并用于多准则决策（Multi-Criteria Decision-Making，MCDM）的方法。[1] BWM 已被用于解决商业、经济、工业、教育和畜牧业等诸多领域的许多实际 MCDM 问题。

多准则决策根据决策方案是有限还是无限，而分为多属性决策（MADM）与多目标决策（MODM）两大类。多属性决策也称有限方案多目标决策，是指在考虑多个属性的情况下，选择最优备选方案或进行方案排序的决策问题，它是现代决策科学的一个重要组成部分。多目标决策是指需要同时考虑两个或两个以上目标的决策。例如，某企业要在几种产品中选择一种产品生产，就既要考虑获利大小，又要考虑现有设备

---

[1] J. A. Annema, N. Mouter, J. Razaei, "Cost-benefit Analysis (CBA), or Multi-criteria Decision-making (MCDM) or Both: Politicians' Perspective in Transport Policy Appraisal", *Transportation Research Procedia*, Vol. 10, No. 4, December, 2015, pp. 788 – 797.

能否生产以及原材料供应是否充足等因素来选择其中一种。只有使这些相互联系和相互制约的因素都能得到最佳的协调、配合和满足，才是最优的决策。

（一）基于最优最劣多准则决策法指标介绍

关于"非洲大陆自由贸易区的建立为企业带来的发展机遇"问题，本书提出如表3-2所示的指标，包括MD、OP、IP、IC和OT。其中MD指市场需求（Market Demand），OP指经营利润（Operating Profits），IP指创新潜能（Innovation Potential），IC指互联互通平台（Interconnection Platform），OT指其他情况（Others）。

表3-2　　　衡量"非洲大陆自由贸易区的建立为企业带来的发展机遇"的指标

	定义
市场需求 Market Demand（MD）	消费者能够在互联网和信息化企业购买自身所需的产品和服务
经营利润 Operating Profits（OP）	公司核心业务的总收入（不包括利息和税收的扣除）
创新潜能 Innovation Potential（IP）	衡量公司挖掘创新能力的标准
互联互通平台 Interconnection Platform（IC）	多主体之间相连接以增强数字生态系统的密度
其他 Others（OT）	其他机遇

关于四川省网信企业走进非洲大陆自由贸易区的潜在风险，包括如表3-3所示的八个具体的主要风险，包括CS、CP、TR、SR、IR、LR、MR和PR。CS指政府网络安全审查风险（Risk of Government Cyber Security Control），CP指跨境支付风险（Risks in Cross-border Payment），TR指

第三章 四川省网信企业走进非洲大陆自由贸易区的调研与分析

技术风险（Technical Risks），SR 指社会风险（Social Risks），IR 指制度风险（Institutional Risks），LR 指法律风险（Legal Risks），MR 指市场风险（Market Risks），PR 指政治风险（Political Risks）。

表 3-3　非洲大陆自由贸易区的建立为网信企业带来的主要风险

	定义
政府网络安全审查风险 Risk of Government Cyber Security Control（CS）	政府预防和应对不断变化的网络威胁和攻击媒介的不确定性
跨境支付风险 Risks in Cross-border Payment（CP）	不同国家的付款人和收款人在金融交易中的不确定性
技术风险 Technical Risks（TR）	与互联网和信息系统的设计及其生产相关的风险，会影响利益相关者的期望和技术要求所需的性能水平
社会风险 Social Risks（SR）	影响互联网和信息业务活动的风险，如劳工问题、人权问题、公共卫生问题等
制度风险 Institutional Risks（IR）	存在于互联网和信息业务监管制度的风险，使其无法实现组织和政策目标
法律风险 Legal Risks（LR）	发生在国内、国际诉讼中的一切风险，或因不符合法律要求而受到处罚的风险
市场风险 Market Risks（MR）	来自股票价格、利率、汇率和商品价格的变动风险
政治风险 Political Risks（PR）	互联网和信息业务可能受到该国政治不稳定或变革的影响

对八个主要风险进一步分析解释，发现每个主要风险都包括四个子风险（见表 3-4）。

表 3-4　　　　　　　　　　主要风险的子风险的定义

	子风险	定义
CS	数据安全 Data Security (DS)	由于组织获取、存储、转换、移动和使用其数据资产的能力不足或受到制约，可能会使组织的价值或声誉受损
	信息隐私 Information Privacy (IP)	组织或个人对企图获取和使用计算机系统中个人信息的控制能力
	知识产权壁垒 Intellectual Property Barriers (IPB)	对创造性成果、作品、发明专利、商标等知识性权利的阻碍和限制
	其他 Others (OT)	其他风险
CP	市场壁垒 Market Barriers (MB)	业务活动实现跨境支付时在市场中受到的阻碍
	标准和互操作性 Standards and Interoperability (SI)	不同计算机系统、网络、操作系统和应用程序共同协作并共享信息的能力
	安全与监督 Safety and Supervision (SS)	企业影响工人安全和健康以及工作环境的活动和行为
	其他 Others (OT)	其他风险
TR	数字基础设施鸿沟 Digital Infrastructure Divide (DD)	从数字基础设施和服务的供应方获取通信技术基础设施的障碍
	网络信息技术人员稀缺 Scarcity of Network Information Technicians (SN)	管理网络系统的信息技术人员数量不足
	技术标准差异 Differences in the Technical Standards (DS)	两国在互联网和信息产品或相关流程和生产方法以及相关管理体系实践的既定规范或要求方面的差异
	其他 Others (OT)	其他风险
SR	文化冲突 Cultural Conflict (CC)	不同文化相互接触时所产生的竞争和对抗状态
	国际舆论 International Public Opinion (PO)	中国的国际声誉

续表

	子风险	定义
	语言差异 Language Differences（LD）	使用英语或当地语言作为交流媒介的差异
	其他 Others（OT）	其他风险
IR	不完善的国际高标准经贸规则 Imperfect International High Standard Economic and Trade Rules（LL）	贸易规则不符合国际标准
	不完善的法律制度 Imperfect Legal System（LS）	法律制度不符合国际商务的标准
	不完善的争端解决机制 Imperfect Dispute Settlement Mechanism（DS）	解决商业纠纷的程序存在缺陷
	其他 Others（OT）	其他风险
LR	不完善的法律制度 Imperfect Legal System（LS）	偏颇和腐败的法律制度
	法律文化的差异 Differences in Legal Culture（LC）	中国与东道国的法律制度不同
	国内法律保护不足 Insufficient Domestic Legal Protection（LP）	东道国对外国企业法律保护不足
	其他 Others（OT）	其他风险
MR	外汇限制 Foreign Exchange Restrictions（FR）	政府对购买或出售货币所采取的限制性措施
	利率波动 Interest Rate Fluctuations（IF）	利率不稳定
	本地企业的市场垄断 Market Monopoly of Local Business（MM）	本地企业独占互联网和信息服务市场

续表

PR	子风险	定义
	其他 Others（OT）	其他风险
	政治不稳定 Political Instability（PI）	由于不同政党之间的冲突或激烈竞争而导致政府垮台
	东道国腐败 Corruption in the Host Country（CC）	拥有权威地位的个人或组织，为了获取非法利益而滥用权力谋取私利的犯罪行为
	外部力量干预 Intervention by External Forces（IE）	外部行为者的参与可能影响权力平衡的国家内政
	其他 Others（OT）	其他风险

在政府网络安全审查风险上，DS 指数据安全（Data Security），IP 指信息隐私（Information Privacy），IPB 指知识产权壁垒（Intellectual Property Barriers），OT 指其他情况（Others）。

在跨境支付风险上，MB 指市场壁垒（Market Barriers），SI 指标准和互操作性（Standards and Interoperability），SS 指安全与监督（Safety and Supervision），OT 指其他情况（Others）。

在技术风险上，DD 指数字基础设施鸿沟（Digital Infrastructure Divide），SN 指网络信息技术人员稀缺（Scarcity of Network Information Technicians），DS 指技术标准差异（Differences in Technical Standards），OT 指其他情况（Others）。

在社会风险上，CC 指文化冲突（Cultural Conflict），PO 指国际舆论（International Public Opinion），LD 指语言差异（Language Differences），OT 指其他情况（Others）。

在制度风险上，LL 指不完善的国际高标准经贸规则（Imperfect International High Standard Economic and Trade Rules），LS 指不完善的法律制度（Imperfect Legal System），DS 指不完善的争端解决机制（Imperfect Dispute Settlement Mechanism），OT 指其他情况（Others）。

在法律风险上，LS 指不完善的法律制度（Imperfect Legal System），

LC 指法律文化的差异（Differences in Legal Culture），LP 指国内法律保护不足（Insufficient Domestic Legal Protection），OT 指其他情况（Others）。

在市场风险上，FR 指外汇限制（Foreign Exchange Restrictions），IF 指利率波动（Interest Rate Fluctuations），MM 指本地企业市场垄断（Market Monopoly of Local Business），OT 指其他情况（Others）。

在政治风险上，PI 指非洲政局不稳定（Political Instability），CC 指东道国腐败（Corruption in the Host Country），IE 指外部力量干预（Intervention by External Forces），OT 指其他情况（Others）。

关于中国投资企业自身潜在问题和非洲自贸区本土企业自身潜在问题，主要表现在如表 3-5 所示的八个方面。BS 指缺乏跨国商业战略（Lack of Transnational Business Strategy），IR 指轻视区域制度差异（Ignorance for Regional Institutional Differences），TT 指缺乏法律和翻译人才（Lack of Legal and Translation Talents），OT 指其他情况（Others）；TF 指技术基础差（Poor Technical Foundation），LC 指缺乏可信度（Lack of Credibility），IS 指社会责任不足（Insufficient Social Responsibility），OT 指其他情况（Others）。

表 3-5　　　　　中国投资企业与非洲本土企业自身潜在问题

	潜在问题	定义
中国投资企业	缺乏跨国商业战略 Lack of Transnational Business Strategy （BS）	缺乏开展跨越国家边界的商业活动规划
	轻视区域制度差异 Ignorance for Regional Institutional Differences（IR）	对本国和外国之间经济、金融、政治、行政、文化和技术的不同所引起的制度差异认知不足
	缺乏法律和翻译人才 Lack of Legal and Translation Talents （TT）	法律系统内部缺乏将书面信息从一种语言翻译为另一种语言的人员
	其他 Others（OT）	其他潜在问题

续表

	潜在问题	定义
非洲自贸区本土企业	技术基础差 Poor Technical Foundation（TF）	缺乏技术技能
	缺乏可信度 Lack of Credibility（LC）	失信或诚信度低的企业
	社会责任不足 Insufficient Social Responsibility（IS）	企业没有以有益于社会的方式行事
	其他 Others（OT）	其他潜在问题

（二）以加纳网信企业为对象的最优最劣多准则决策法调研实施

本调研选取加纳网信企业作为调研对象。加纳作为非洲大陆自由贸易区的总部，其首都阿克拉被非洲联盟选定为自贸区秘书处所在地。在政府数字化驱动下，加纳拥有蓬勃发展的电子商务和互联网业务。近年来，加纳信息技术部门对该国整体 GDP 的贡献稳步增长，与其他非洲国家相比，加纳的信息和通信技术发展显著，成为经济中表现最好的部门之一。政府将持续加大对该部门的投资，力图将加纳打造为非洲大陆自由贸易区的数字服务中心。为实现这一目标，加纳战略投资重点应倾向于数字经济的基础设施。

本研究委托加纳 DAL CONSULTANCY CO. LTD 咨询公司，以加纳网信企业为对象进行调研。调研选取了 50 名受访者，这些受访者分别来自 Min Ghana、Vodafone Ghana、Surfline、AirtelTigo、Teledata、Cams Interlink Technologies（CIT）、IBust、Jimah Tech Limited 8 家企业。调研对象选取的标准：第一，在互联网、信息化行业已运营 6 年且信誉良好的企业；第二，参与《非洲大陆自由贸易协定》的企业。

调研对象 Min Ghana 是加纳的一家移动电信服务提供商。截至 2020 年

12月，该公司拥有超过2420万用户，占加纳市场的份额约为57.09%。Min Ghana 拥有加纳最大的互联网用户群，同时所拥有的4G覆盖率也居该国榜首。用户可以从该公司的 Mifi、调制解调器和路由器中选择一个更稳定和更快捷的连接方式，最受欢迎的设备是 MTNTurboNet，它可以提供4G+的网络速度。

调研对象 Vodafone Ghana 是 Vodafone Group Plc 集团的子公司，与 Min Ghana 电信商相比，尽管其4G服务提供较晚，但由于更强大的覆盖能力，Vodafone Ghana 仍是许多加纳人首选的互联网服务提供商。对移动用户而言，Vodafone Ghana 提供更便宜的互联网套餐服务，这将吸引大量的潜在客户。此外，网络供应商还为公司提供包括农村地区在内的广泛的光纤连接。

调研对象 Surfline 作为加纳新生的互联网服务提供商，是加纳首批获得提供4G连接认证的互联网服务提供商之一。主要提供调制解调器、Mifi 和路由器等互联网设备，但价格较为昂贵，且部分地区无法使用。

调研对象 AirtelTigo 由 Airtel 和 Tigo 两个企业在2019年合并而成，当前拥有相当大的市场份额，主要业务是为手机提供互联网服务。

调研对象 Teledata 于2004年成立，用户量已超过4万，主要业务是在特马、阿克拉、库马西等主要城市提供广泛的光纤连接。此外，该企业的远程数据信息和通信技术为加纳大多数地区提供3.5GHz的网络服务。

调研对象 Cams Interlink Technologies（CIT）是加纳一家注册软件和IT解决方案的提供商，主要提供网站设计和开发，软件开发，网络应用程序开发，教会、学校和商店的数据库，销售终端（POS），Android 应用程序，企业系统解决方案，银行软件，企业信息管理系统（IMS）等服务。同时也建立了网上商城，创建了个人和商用的专业博客。

调研对象 IBust 专注于特定的利基市场，主要为阿克拉和特马（大阿克拉地区）的企业提供服务，于2008年4月开始运营，使用 ArrayComm 公司的无线宽带技术提供服务。更重要的是，IBust 使用了一个"智能"天线阵列来增强无线电频率（RF）的覆盖范围，以提高网络的速度和流量容量。

调研对象 Jimah Tech Limited 是加纳首屈一指的移动应用程序开发公司，已经为非洲各地的组织和机构开发了几款移动应用程序，专注于支付平台集成（移动货币、Visa/万事达卡）、数据库管理、软件开发、ERP系统、网站开发和电子商务服务。

在调研过程中，首先向受访者介绍了四川省网信企业走进非洲大陆自由贸易区的发展机遇、主要风险与子风险以及企业自身存在的问题，然后受访者需要按照表 3-6 所示的标准进行打分，其中 1—9 表示重要程度的递增。

表 3-6　　　　　最优最劣方法（BWM）评分标准

最优最劣评分标准								
同等重要	介于同等重要和稍微重要之间	稍微重要	介于稍微重要和明显重要之间	明显重要	介于明显重要和强烈重要之间	强烈重要	介于强烈重要和极端重要之间	极端重要
1	2	3	4	5	6	7	8	9

受访者通过打分确定最佳的发展机遇和风险，后与其他机遇和风险进行两两比较。相应地，受访者通过打分确定最差的机遇和风险，并根据最差的机遇和风险来评价其他机遇和风险。50 名受访者都对机遇、主要风险、次风险和问题进行评级。最后取每个受访者评级中获得的权重平均值以得出各机遇、风险与问题的最终排名。在受访者对每个问题进行两两比较后，确定各种机遇、主要风险、子风险和各种问题的权重，通过 BWM 计算每个受访者针对每个问题选项的权重。

（三）最优最劣多准则决策法调研分析

1. 描述性分析

（1）背景信息的描述性分析

表 3-7 对 50 名受访者的背景信息进行了描述性分析。为了更好地呈现，它们分别在图 3-1、图 3-2、图 3-3 中以饼状图的形式表示。

表 3 – 7　　　　　　　　　　　受访者背景信息

特征 Characteristic	决策者人数 Number of decision-makers	百分比 Percentage of samples（%）
对非洲大陆自由贸易区的熟悉程度（Familiarity with AfCFTA）		
非常低	1	2
低	8	16
中性	0	0
高	28	56
非常高	13	26
您的企业是否从 AfCFTA 中受益（Does your business benefit from AfCFTA）		
是	38	76
否	12	24
业务类型（Type of Business）		
基础层	24	48
应用层	19	38
终端层	7	14
其他	0	0

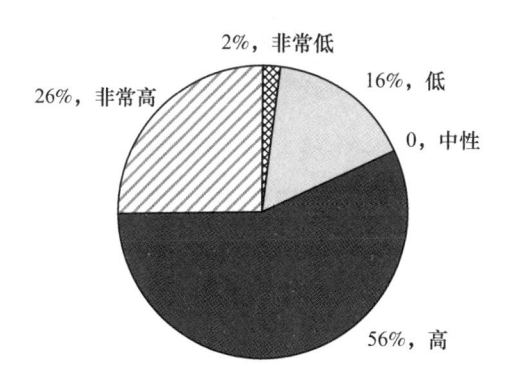

图 3 – 1 为受访者对非洲大陆自由贸易区的熟悉程度。图 3 – 1 表明，在 50 名受访者中，13 名受访者对非洲大陆自由贸易区非常熟悉（占比 26%），28 名受访者对非洲大陆自由贸易区较为熟悉（占比 56%）。总体情况表明，受访者对非洲大陆自由贸易区具有较为深入的认识。

图 3 – 1　受访者对非洲大陆自由贸易区的熟悉程度

图 3 – 2 为受访者对网信企业能否从非洲大陆自由贸易区获益的看

法，其中76%的受访者认为网信企业能够从非洲大陆自由贸易区中获益，这可以反映出大多数受访者对非洲大陆自由贸易区持乐观态度。

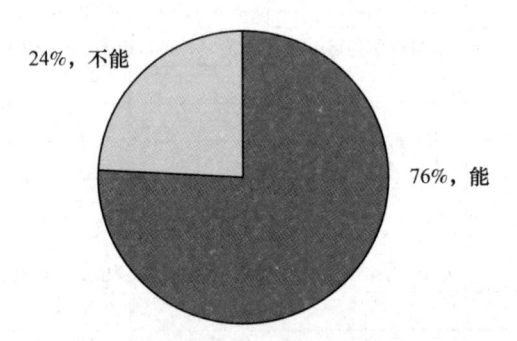

图3-2 受访者对网信企业能否从非洲大陆自由贸易区获益的看法

图3-3显示的是受访企业类型分布。图3-3表明，受访企业中基础层网信企业有24家，占比48%；应用层网信企业有19家，占比38%；终端层网信企业有7家，占比14%。

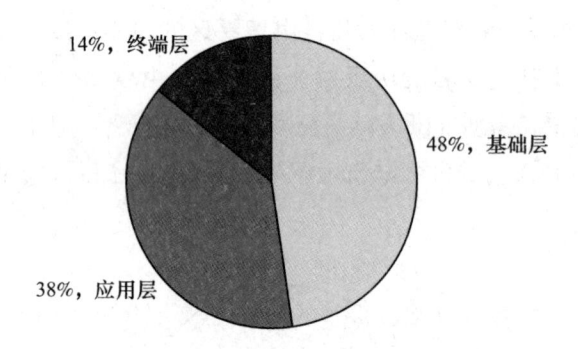

图3-3 受访网信企业类型分布

（2）有关机遇与风险的描述性分析

表3-8和图3-4展示了受访者对于非洲大陆自由贸易区的建立为企业带来的最佳机遇和最差机遇的总体选择结果。结果显示，对于市场需求来说，19名受访者认为其是最佳机遇，而5名受访者认为是最差机遇；对于经营利润来说，11名受访者认为其是最佳机遇，而8名受访者认为是最差机遇；对于创新潜能这一主要机遇，6名受访者认为其是最佳机遇，而10名受访者认为是最差机遇；对于互联互通平台这一主要机遇，

12 名受访者认为其是最佳机遇，而 7 名受访者认为是最差机遇；其中，2 名受访者认为具有"其他"方面更好的机遇。

表 3-8　　　　　受访者对于主要发展机遇的选择情况　　　　（单位：人）

	决策者认为最优机遇的数量	决策者认为最劣机遇的数量
市场需求 Market Demand（MD）	19	5
经营利润 Operating Profit（OP）	11	8
创新潜能 Innovation Potential（IP）	6	10
互联互通平台 Interconnection Platform（IC）	12	7
其他 Others（OT）	2	20

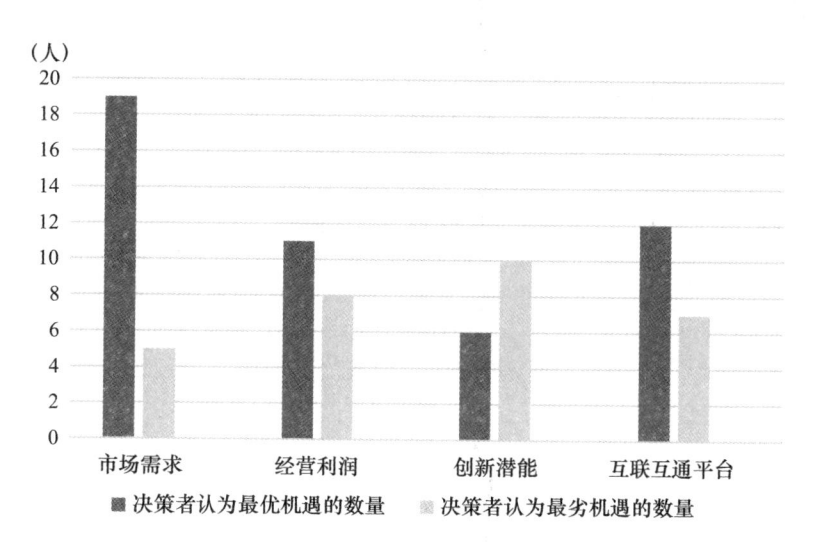

图 3-4　受访者对于最佳机遇和最差机遇选择情况分布

表 3-9 和图 3-5 显示了受访者对主要风险和子风险的选择情况。结果显示，在主要风险方面，7 位受访者认为政府网络安全审查风险是最严重的主要风险，5 位受访者认为是最轻微的主要风险；6 名受访者认为跨境支付风险是最严重的主要风险，5 名认为是最轻微的主要风险；4 名受访者认

为技术风险是最严重的主要风险，8名认为是最轻微的主要风险；5名受访者认为社会风险是最严重的主要风险，6名受访者认为是最轻微的主要风险；9名受访者认为制度风险是最严重的主要风险，4名受访者认为是最轻微的主要风险；5名受访者认为法律风险是最严重的主要风险，7名受访者认为法律风险是最轻微的主要风险。此外，12名受访者认为市场风险是最严重的主要风险，1名受访者认为是最轻微的主要风险；2名受访者认为政治风险最严重，14名受访者认为政治风险最为轻微。

表3-9　　　　　　受访者对主要风险的选择情况汇总　　　　　（单位：人）

	决策者认为最大风险的数量	决策者认为最小风险的数量	子风险	决策者认为最大子风险的数量	决策者认为最小子风险的数量
政府网络安全审查风险 Risk of Government Cyber Security Control（CS）	7	5	IP	21	3
			IPB	11	16
			DS	15	8
			OT	3	23
跨境支付风险 Risks in Cross-border Payment（CP）	6	5	SS	15	9
			MB	11	13
			OT	2	27
			SI	22	1
技术风险 Technical Risks（TR）	4	8	SN	22	3
			OT	2	24
			DD	17	9
			DS	9	14
社会风险 Social Risks（SR）	5	6	PO	13	17
			OT	1	24
			CC	15	8
			LD	21	1
制度风险 Institutional Risks（IR）	9	4	LL	12	9
			OT	3	26
			DS	10	14
			LS	25	1

续表

	决策者认为最大风险的数量	决策者认为最小风险的数量	子风险	决策者认为最大子风险的数量	决策者认为最小子风险的数量
法律风险 Legal Risks（LR）	5	7	LP	6	15
			OT	0	29
			LC	14	6
			LS	30	0
市场风险 Market Risks（MR）	12	1	MM	6	14
			OT	0	28
			IF	32	1
			FR	12	7
政治风险 Political Risks（PR）	2	14	PI	11	14
			OT	2	25
			IE	16	9
			CC	21	2

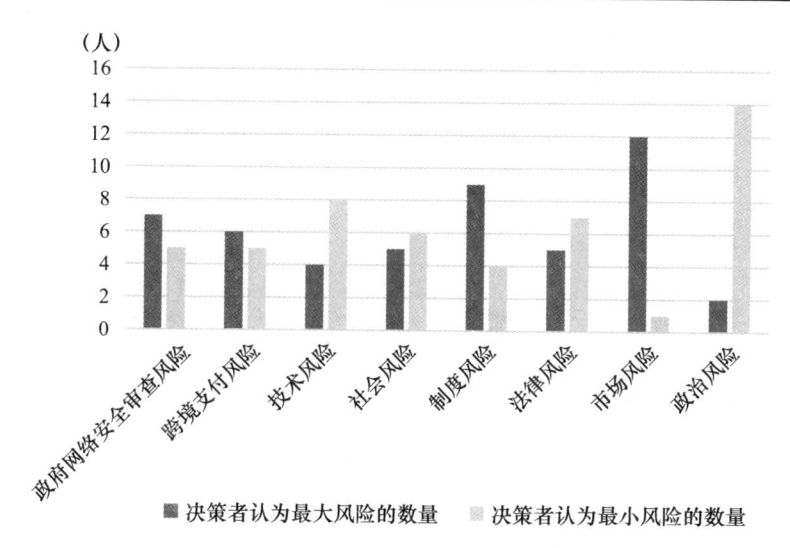

图 3-5 受访者对主要风险的选择情况分布

受访者对政府网络安全审查各子风险的选择情况如图 3-6 所示。在政府网络安全审查所面临的风险中，21 名受访者认为信息隐私是最严重的风险，11 名受访者认为知识产权壁垒是最严重的风险，15 名受访者认为数据安全是最严重的风险,3 名受访者认为存在其他更严重的风险。

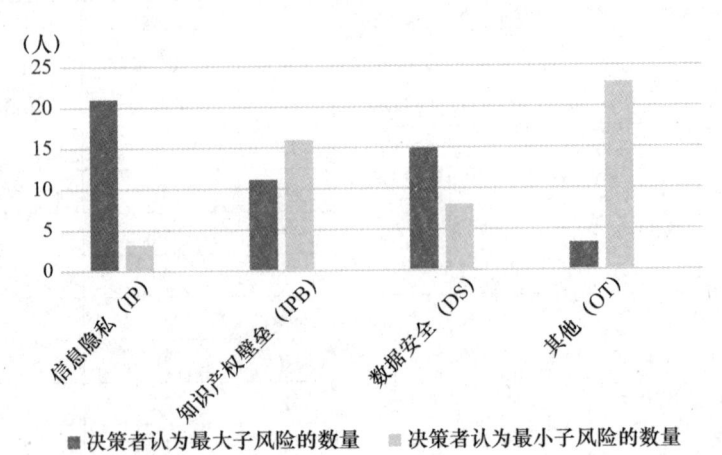

图 3-6 受访者对政府网络安全审查各子风险的选择情况分布

受访者对跨境支付各子风险的选择情况如图 3-7 所示。在跨境支付所面临的风险中,15 名受访者认为安全与监督是最严重的风险,11 名受访者认为市场壁垒是最严重的风险,22 名受访者认为标准和互操作性是最严重的风险,2 名受访者认为存在其他更严重的风险。

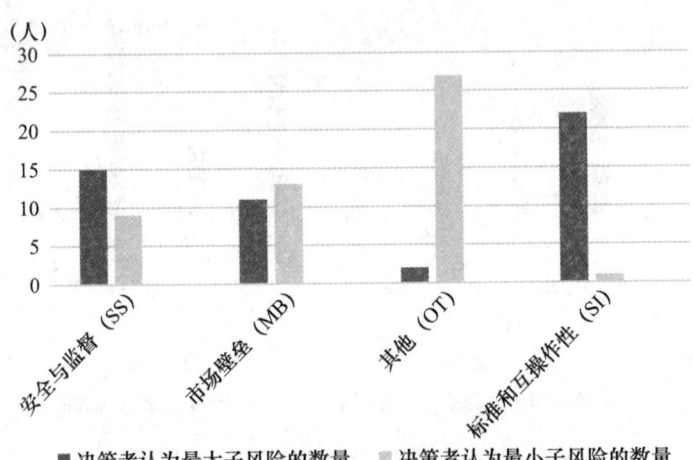

图 3-7 受访者对跨境支付各子风险的选择情况分布

受访者对技术风险的各子风险的选择情况如图 3-8 所示。在技术方面所面临的风险中,22 名受访者认为网络信息技术人员稀缺是最严重的风险,

17 名受访者认为数字基础设施鸿沟是最严重的风险，9 名受访者认为技术标准差异是最严重的风险，1 名受访者认为存在其他更严重的风险。

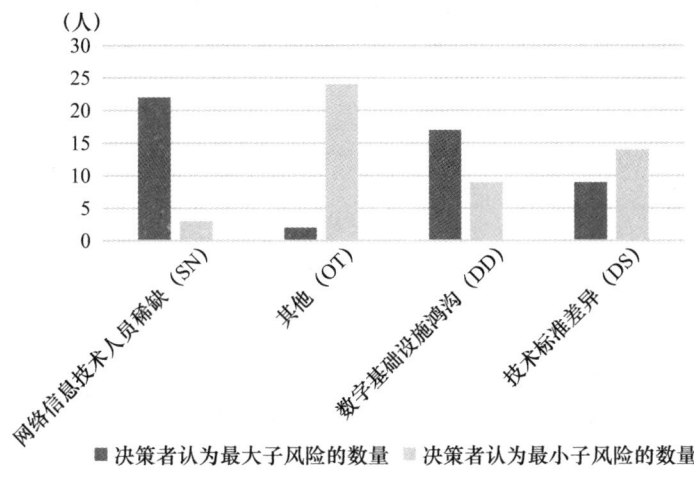

图 3-8　受访者对技术风险各子风险的选择情况分布

受访者对社会风险的各子风险的选择情况如图 3-9 所示。在社会方面所面临的子风险中，13 名受访者认为国际舆论是最严重的风险，15 名受访者认为文化冲突是最严重的风险，21 名受访者认为语言差异是最严重的风险，1 名受访者认为存在其他更严重的风险。

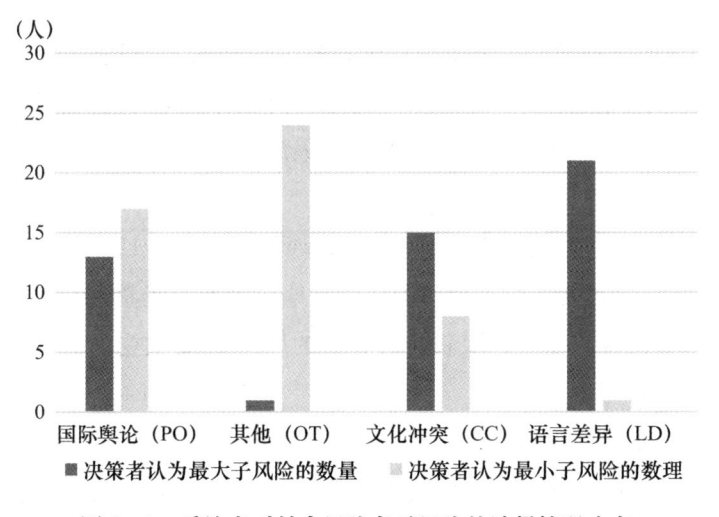

图 3-9　受访者对社会风险各子风险的选择情况分布

受访者对制度风险的各子风险的选择情况如图3-10所示。在制度方面所面临的子风险中，12名受访者认为不完善的国际高标准经贸规则是最严重的风险，10名受访者认为不完善的争端解决机制是最严重的风险，25名受访者认为不完善的法律制度是最严重的风险，3名受访者认为存在其他更严重的风险。

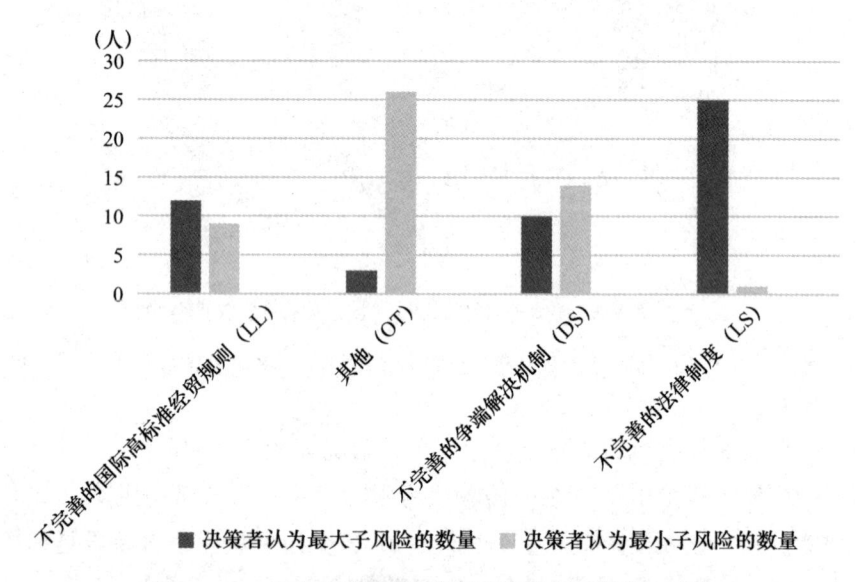

图3-10 受访者对制度风险各子风险的选择情况分布

受访者对法律风险的各子风险的选择情况如图3-11所示。在法律方面所面临的子风险中，6名受访者认为国内法律保护不足是最严重的风险，14名受访者认为法律文化的差异是最严重的风险，30名受访者认为不完善的法律制度是最严重的风险。

受访者对市场风险的各子风险的选择情况如图3-12所示。在市场方面所面临的子风险中，6名受访者认为本地企业的市场垄断是最严重的风险，12名受访者认为外汇限制是最严重的风险，32名受访者认为利率波动是最严重的风险。

受访者对政治风险的各子风险的选择情况如图3-13所示。在政治方面所面临的子风险中，11名受访者认为政局不稳是最严重的风险，16名受访者认为外部力量干预是最严重的风险，21名受访者认为东道国腐败

第三章 四川省网信企业走进非洲大陆自由贸易区的调研与分析

是最严重的风险,2 名受访者认为存在其他更严重的风险。

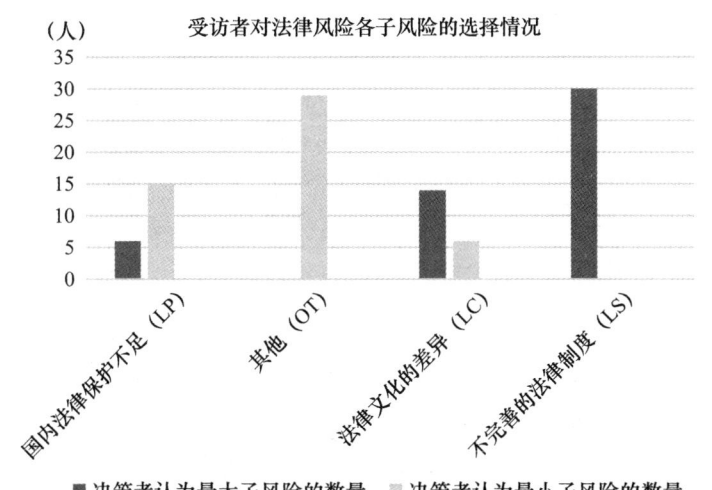

图 3-11 受访者对法律风险各子风险的选择情况分布

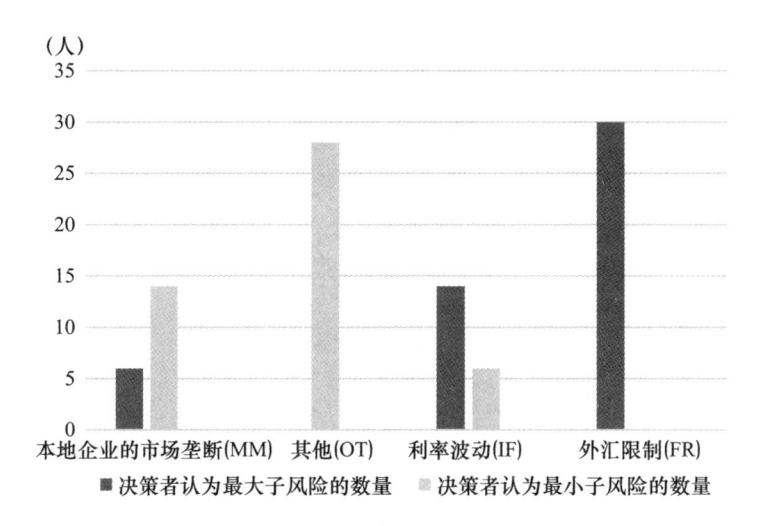

图 3-12 受访者对市场风险各子风险的选择情况分布

(3) 投资企业自身潜在问题的描述性分析

受访者对四川省网信企业主要问题的选择情况如图 3-14 所示。11 名受访者认为缺乏跨国商业战略是最主要的问题,25 名受访者认为轻视区域制度差异是最主要的问题,14 名受访者认为缺乏法律和翻译人才是最主要的问题。

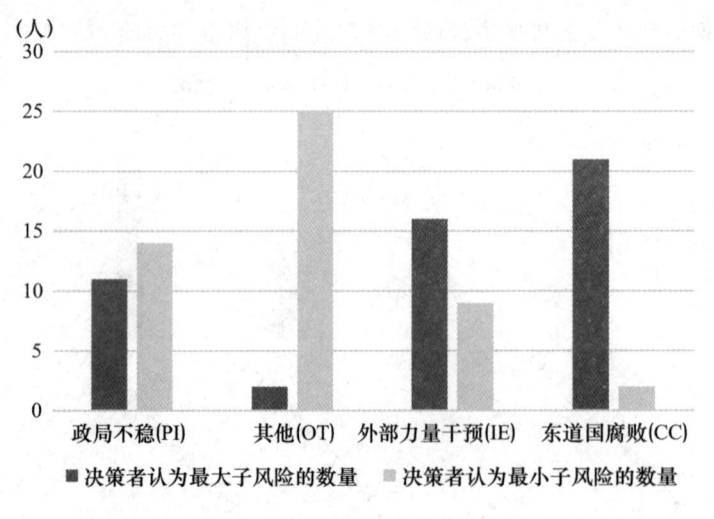

图 3-13 受访者对政治风险各子风险的选择情况分布

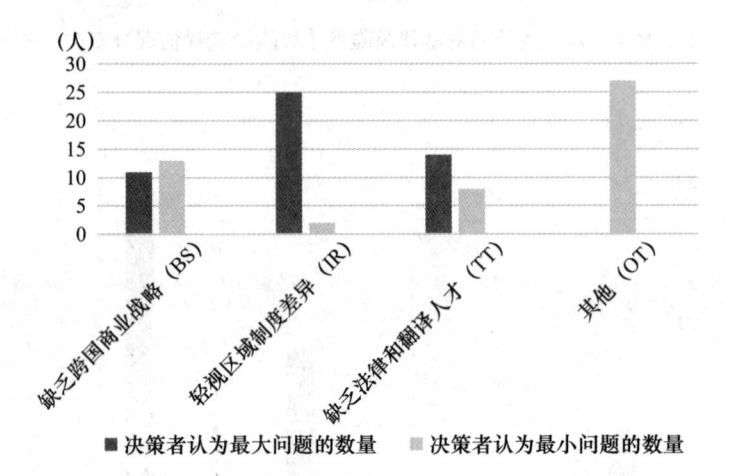

图 3-14 受访者对四川省网信企业自身潜在问题的选择情况分布

（4）非洲本土企业自身潜在问题的描述性分析

受访者对非洲本土企业主要问题的选择情况如图 3-15 所示。20 名受访者认为技术基础较差是最主要的问题，17 名受访者认为缺乏可信度是最主要的问题，11 名受访者认为社会责任不足是最主要的问题，2 名受访者认为存在其他方面更重要的问题。

2. 最优最劣方法（BWM）分析

在获得每个受访者的评分后，平均所有受访者的标准权重，本书确

第三章 四川省网信企业走进非洲大陆自由贸易区的调研与分析

定了主要标准和子标准的权重。然后，将每个子标准的权重（局部权重）乘以其主要标准的权重，得到全局权重。局部权重和全局权重的数据与排序如表 3-10 所示。

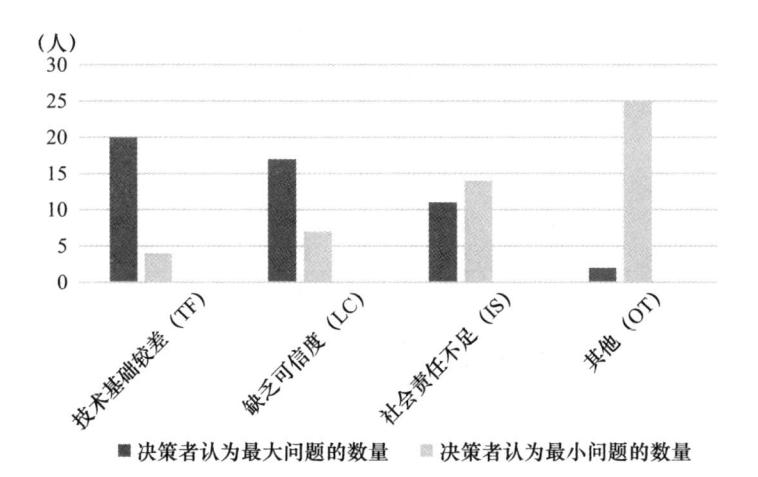

图 3-15 受访者对非洲本土企业自身潜在问题的选择情况分布

表 3-10　　　　　　所有受访者评分结果权重汇总

权重		子维度	局部权重	全局权重	排序
机会		OP	0.290		3
		MD	0.400		1
		IP	0.281		4
		OT	0.206		5
		IC	0.347		2
主要风险		LR	0.189		5
		PR	0.104		8
		CS	0.256		3
		MR	0.321		1
		SR	0.119		6
		IR	0.257		2
		CP	0.194		4
		TR	0.115		7

续表

	权重	子维度	局部权重	全局权重	排序
政府网络安全审查风险 Government Cyber Security Control Risks（CS）	0.256	IP	0.491	0.125	1
		IPB	0.194	0.049	3
		DS	0.313	0.080	2
		OT	0.185	0.047	4
跨境支付风险 Cross-border Payment Risks（CP）	0.194	SS	0.315	0.061	2
		MB	0.188	0.036	3
		OT	0.185	0.035	4
		SI	0.495	0.096	1
技术风险 Technical Risks（TR）	0.115	SN	0.395	0.045	1
		OT	0.158	0.018	4
		DD	0.310	0.035	2
		DS	0.187	0.021	3
社会风险 Social Risks（SR）	0.119	PO	0.348	0.041	3
		OT	0.167	0.019	4
		CC	2.547	0.303	2
		LD	5.147	0.612	1
制度风险 Institutional Risks（IR）	0.256	LL	0.337	0.086	2
		OT	0.176	0.045	4
		DS	2.547	0.652	3
		LS	5.221	1.336	1
法律风险 Legal Risks（LR）	0.189	LP	0.248	0.046	3
		OT	0.220	0.041	4
		LC	2.549	0.481	2
		LS	5.187	0.980	1
市场风险 Market Risks（MR）	0.321	MM	0.249	0.080	3
		OT	0.147	0.047	4
		IF	2.376	0.827	1
		FR	0.670	0.215	2
政治风险 Political Risks（PR）	0.104	PI	0.249	0.025	3
		OT	0.214	0.022	4
		IE	2.547	0.265	2
		CC	5.154	0.536	1

第三章　四川省网信企业走进非洲大陆自由贸易区的调研与分析

续表

	权重	子维度	局部权重	全局权重	排序
中国企业问题		TT	0.231		2
		BS	0.188		3
		OT	0.086		4
		IR	0.310		1
非洲企业问题		TF	0.292		1
		IS	0.187		3
		LC	0.219		2
		OT	0.044		4

非洲大陆自由贸易区的建立为四川省网信企业带来的最重要的机遇是市场需求，其次是互联互通平台、经营利润和创新潜能。非洲大陆自由贸易区为电子商务行业提供了一个巨大的市场，这是自贸区贸易的关键因素。网信企业走进非洲大陆自由贸易区面临的最大风险是市场风险。大多数非洲国家的利率、汇率和大宗商品价格都不稳定，市场的不可预测性会使外国企业遭受重大损失。其他子风险的权重排序如表3-11中所示。

表3-11、图3-16为非洲大陆自由贸易区的建立为网信企业带来的各项机遇的权重，可以看出，市场需求是非洲大陆自由贸易区为网信企业带来的最大机遇，互联互通平台是非洲大陆自由贸易区建立提供的第二大机遇，经营利润和创新潜能次之。

表3-11　　　　四川省网信企业所面临的主要机遇

	子维度	局部权重	排序
机遇	经营利润（OP）	0.290	3
	市场需求（MD）	0.400	1
	创新潜能（IP）	0.281	4
	其他（OT）	0.206	5
	互联互通平台（IC）	0.347	2

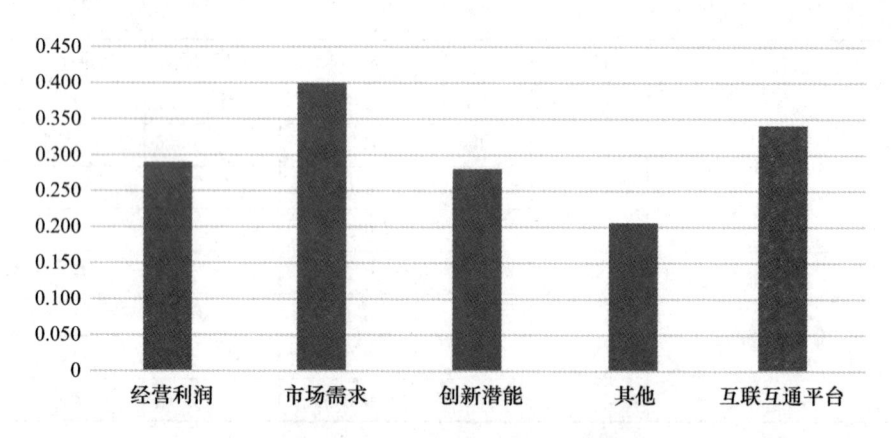

图 3-16 非洲大陆自由贸易区建立为四川省网信企业所带来的各项机遇的权重

表 3-12、图 3-17 为网信企业走进非洲大陆自由贸易区面临的主要风险权重，可以看出，市场风险是四川省网信企业面临的最大风险，制度风险是第二大风险，政府网络安全审查风险位居第三。

表 3-12　　　　　　　四川省网信企业所面临的的风险

	子维度	局部权重	排序
主要风险	法律风险（LR）	0.189	5
	政治风险（PR）	0.104	8
	政府网络安全审查风险（CS）	0.256	3
	市场风险（MR）	0.321	1
	社会风险（SR）	0.119	6
	制度风险（IR）	0.257	2
	跨境支付风险（CP）	0.194	4
	技术风险（TR）	0.115	7

根据表 3-13、图 3-18 可知，在政府网络安全审查方面，网信企业走进非洲大陆自由贸易区面临的各项子风险中，信息隐私风险排名第一，数据安全风险排名第二，知识产权壁垒风险排名第三。可见信息隐私是首要考虑的问题，数据安全、知识产权壁垒次之。

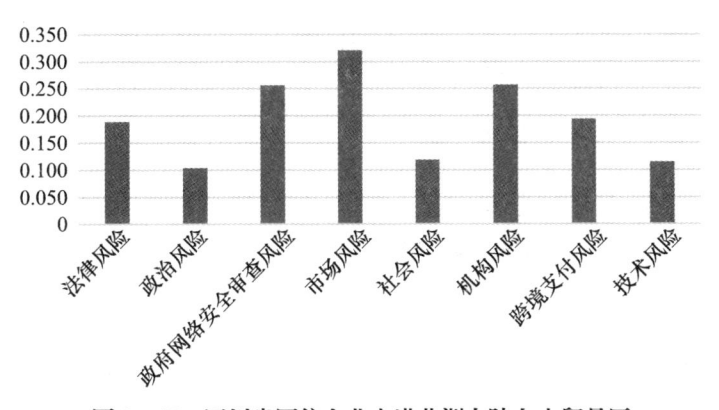

图 3-17 四川省网信企业走进非洲大陆自由贸易区面临的主要风险的权重

表 3-13　　　　　　　　政府网络安全审查风险

	权重	子维度	局部权重	全局权重	排序
政府网络安全审查风险（CS）	0.256	信息隐私（IP）	0.491	0.125	1
		知识产权壁垒（IPB）	0.194	0.049	3
		数据安全（DS）	0.313	0.080	2
		其他风险（OT）	0.185	0.047	4

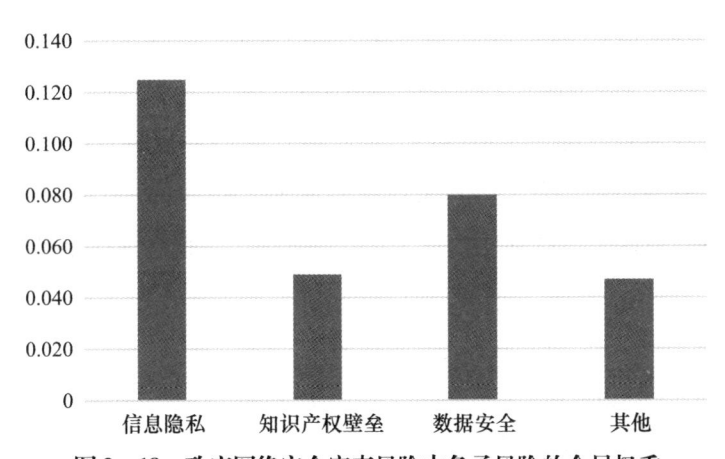

图 3-18　政府网络安全审查风险中各子风险的全局权重

根据表 3-14、图 3-19 可知，在跨境支付方面，网信企业走进非洲大陆自由贸易区面临的各项子风险中，标准和互操作性排名第一，安全与监督排名第二，市场壁垒排名第三。可见标准和互操作性是首要考虑的问题，安全与监督、市场壁垒次之。

表 3-14　　　　　　　　　　跨境支付风险

主要维度	权重	子维度	局部权重	全局权重	排序
跨境支付风险（CP）	0.194	安全与监督（SS）	0.315	0.061	2
		市场壁垒（MB）	0.188	0.036	3
		其他（OT）	0.185	0.035	4
		标准和互操作性（SI）	0.495	0.096	1

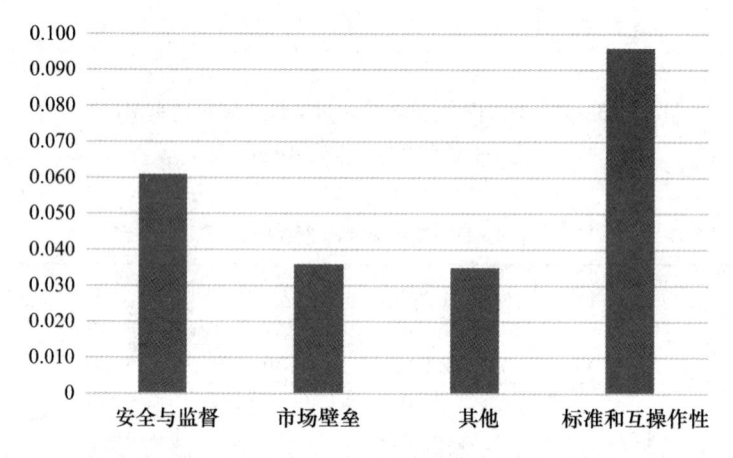

图 3-19　跨境支付风险中各子风险的全局权重

根据表 3-15、图 3-20 可知，在技术方面，网信企业走进非洲大陆自由贸易区面临的各项子风险中，网络信息技术人员稀缺排名第一，数字基础设施鸿沟排名第二，技术标准差异排名第三。可见网络信息技术人员稀缺是首要考虑的问题，数字基础设施鸿沟、技术标准差异次之。

表 3-15　　　　　　　　　　技术风险

主要维度	权重	子维度	局部权重	全局权重	排序
技术风险（TR）	0.115	网络信息技术人员稀缺（SN）	0.395	0.045	1
		其他（OT）	0.158	0.018	4
		数字基础设施鸿沟（DD）	0.310	0.035	2
		技术标准差异（DS）	0.187	0.021	3

第三章 四川省网信企业走进非洲大陆自由贸易区的调研与分析

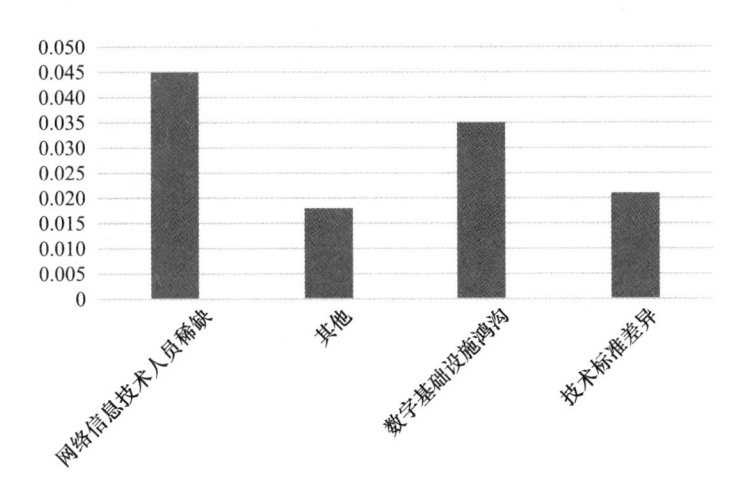

图 3-20 技术风险中各子风险的全局权重

根据表 3-16、图 3-21 可知，在社会方面，网信企业走进非洲大陆自由贸易区面临的各项子风险中，语言差异排名第一，文化冲突排名第二，国际舆论排名第三。可见语言差异是首要考虑的问题，文化冲突、国际舆论次之。

表 3-16   社会风险

权重		子维度	局部权重	全局权重	排序
社会风险（SR）	0.119	国际舆论（PO）	0.348	0.041	3
		其他（OT）	0.167	0.019	4
		文化冲突（CC）	2.547	0.303	2
		语言差异（LD）	5.147	0.612	1

根据表 3-17、图 3-22 可知，在制度规则方面，网信企业走进非洲大陆自由贸易区面临的各项子风险中，不完善的法律制度排名第一，不完善的争端解决机制排名第二，不完善的国际高标准经贸规则排名第三。可见法规体系不健全是首要考虑的问题，不完善的国际高标准经贸规则、不完善的争端解决机制次之。

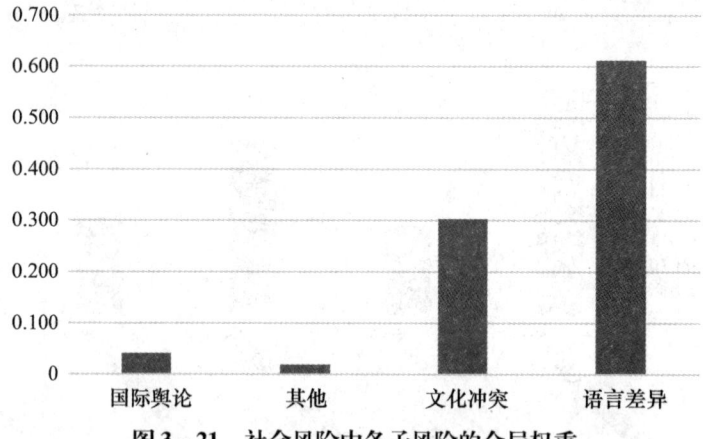

图 3-21　社会风险中各子风险的全局权重

表 3-17　制度风险

	权重	子维度	局部权重	全局权重	排序
制度风险（IR）	0.257	不完善的国际高标准经贸规则（LL）	0.337	0.086	3
		其他（OT）	0.176	0.045	4
		不完善的争端解决机制（DS）	2.547	0.652	2
		不完善的法律制度（LS）	5.221	1.336	1

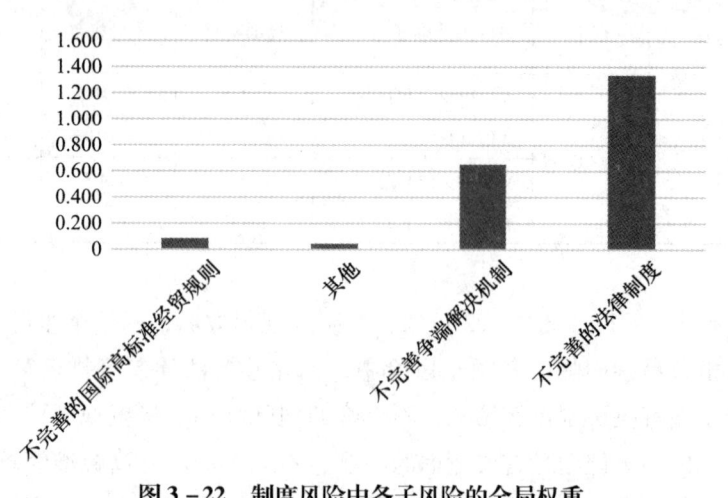

图 3-22　制度风险中各子风险的全局权重

根据表 3-18、图 3-23 可知，在法律方面，网信企业走进非洲大陆自由贸易区面临的各项子风险中，不完善的法律制度排名第一，法律文化的差异排名第二，国内法律保护不足排名第三。可见不完善的法律制度是首要考虑的问题，法律文化的差异、国内法律保护不足次之。

表 3-18　　　　　　　　　　　　法律风险

主要维度	权重	子维度	局部权重	全局权重	排序
法律风险（LR）	0.189	国内法律保护不足（LP）	0.248	0.046	3
		其他（OT）	0.220	0.041	4
		法律文化的差异（LC）	2.549	0.481	2
		不完善的法律制度（LS）	5.187	0.980	1

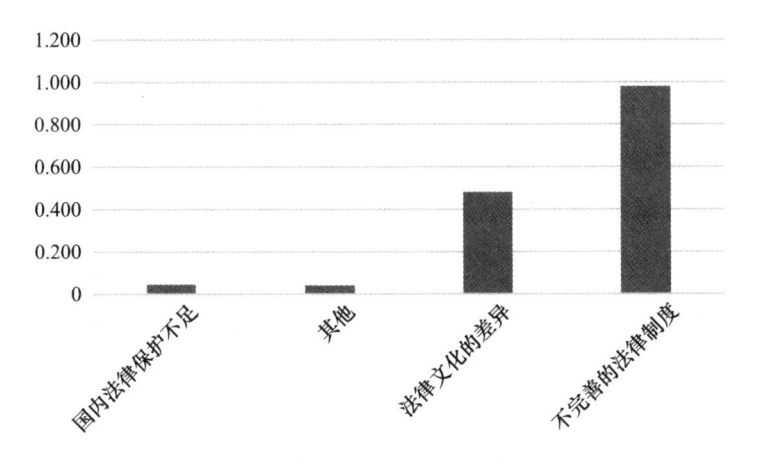

图 3-23　法律风险中各子风险的全局权重

根据表 3-19、图 3-24 可知，在市场方面，网信企业走进非洲大陆自由贸易区面临的各项子风险中，利率波动排名第一，外汇限制排名第二，本地企业的市场垄断排名第三。可见利率波动是首要考虑的问题，外汇限制、本地企业的市场垄断次之。

表3-19　　　　　　　　　　市场风险

	权重	子维度	局部权重	全局权重	排序
市场风险（MR）	0.321	本地企业的市场垄断（MM）	0.249	0.080	3
		其他（OT）	0.147	0.047	4
		利率波动（IF）	2.376	0.827	1
		外汇限制（FR）	0.670	0.215	2

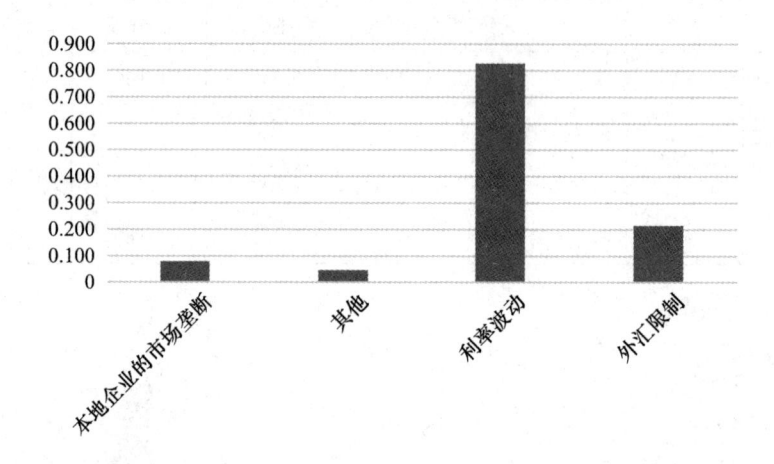

图3-24　市场风险中各子风险的全局权重

根据表3-20、图3-25可知，在政治方面，网信企业走进非洲大陆自由贸易区面临的各项子风险中，东道国腐败排名第一，外部力量干预排名第二，政治不稳定排名第三。可见东道国腐败是首要考虑的问题，外部力量干预、政治不稳定次之。

表3-20　　　　　　　　　　政治风险

	权重	子维度	局部权重	全局权重	排序
政治风险（PR）	0.104	政治不稳定（PI）	0.249	0.025	3
		其他（OT）	0.214	0.022	4
		外部力量干预（IE）	2.547	0.265	2
		东道国腐败（CC）	5.154	0.536	1

第三章 四川省网信企业走进非洲大陆自由贸易区的调研与分析

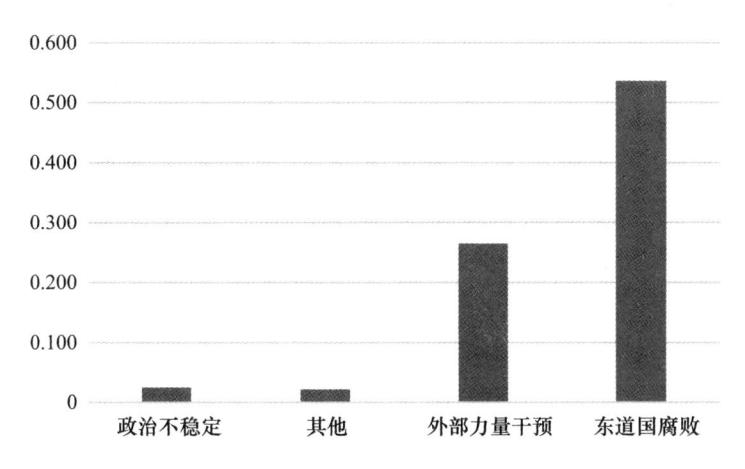

图 3-25 政治风险中各子风险的全局权重

根据表 3-21、图 3-26 可知,在网信企业走进非洲大陆自由贸易区过程中的自身潜在问题上,轻视区域制度差异排名第一,缺乏法律和翻译人才排名第二,缺乏跨国商业战略排名第三。可见轻视区域制度差异是网信企业投资非洲市场首要考虑的问题,缺乏法律和翻译人才、缺乏跨国商业战略次之。

表 3-21　　　　　　　　四川省网信企业自身潜在问题

	子维度	局部权重	排序
四川省网信企业自身潜在问题	缺乏法律和翻译人才（TT）	0.231	2
	缺乏跨国商业战略（BS）	0.188	3
	其他（OT）	0.086	4
	轻视区域制度差异（IR）	0.310	1

根据表 3-22、图 3-27 可知,在自贸区本土企业自身潜在问题上,技术基础差排名第一,缺乏可信度排名第二,社会责任不足排名第三。可见技术基础差是非洲本土企业首要考虑的问题,缺乏可信度、社会责任不足次之。

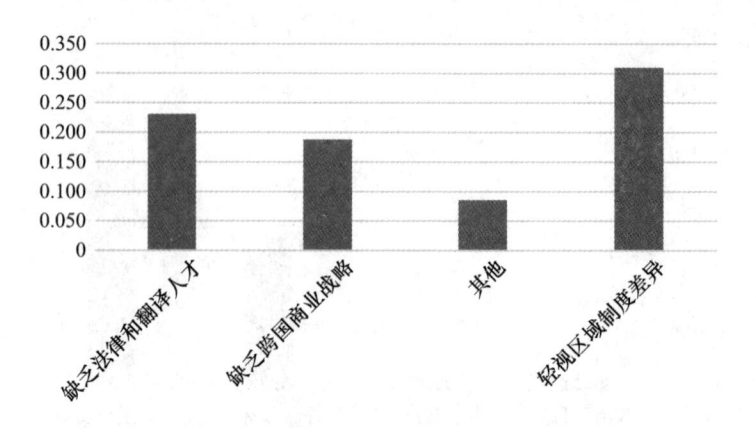

图 3-26 四川省网信企业自身存在的潜在问题的权重

表 3-22　　　　　　　　　非洲本土企业自身潜在问题

	子维度	局部权重	排序
非洲本土企业自身潜在问题	技术基础差（IF）	0.292	1
	社会责任不足（IS）	0.187	3
	缺乏可信度（LC）	0.219	2
	其他（OT）	0.044	4

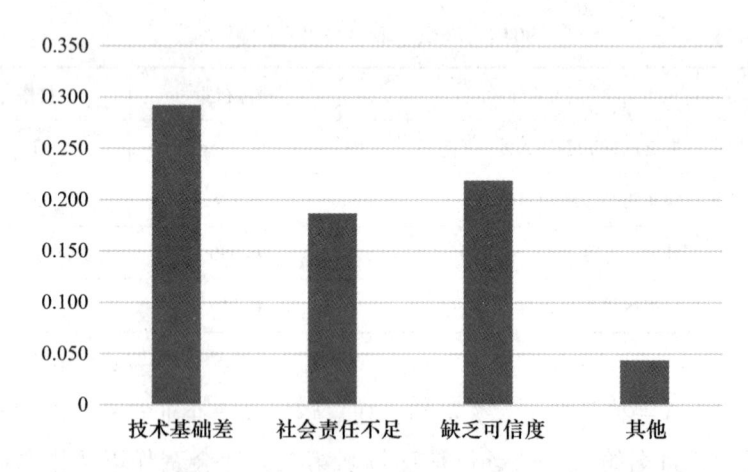

图 3-27 非洲本土企业自身存在的潜在问题的权重

综上，本书以最优最劣多准则决策法对加纳网信企业的 50 名企业负责人展开调研，受访企业中基础层网信企业占比 48%，应用层网信企业占比 38%，终端层网信企业占比 14%，这表明加纳的终端层网信企业相比于基础层、应用层网信企业在非洲大陆自由贸易区的投资较少。受访的 50 名企业负责人中，26% 的受访者对非洲大陆自由贸易区非常熟悉，56% 的受访者对非洲大陆自由贸易区比较熟悉，表明目前来自加纳网信企业的受访者对非洲大陆自由贸易区具有较为深入的认识。76% 的受访者认为网信企业能够从非洲大陆自由贸易区中获益，表明非洲大陆自由贸易区能够为网信企业带来机遇，调研发现，市场需求是网信企业获得的最大机遇。四川省网信企业走进非洲大陆自由贸易区企业面临的最大风险是市场风险，其中存在的最大问题是利率波动。第二大风险是制度风险，其中存在的最大问题是不完善的法律制度（法律制度不符合国际商务的标准）。第三大风险是政府网络安全审查风险，其中存在的最大问题是信息隐私保护不足。第四大风险是跨境支付风险，其中存在的最大问题是标准和互操作性不统一。第五大风险是法律风险，其中存在的最大问题是不完善的法律制度（偏颇和腐败的法律制度）。第六大风险是社会风险，其中存在的最大问题是语言差异。第七大风险是技术风险，其中存在的最大问题是网络信息技术人员稀缺。第八大风险是政治风险，其中存在的最大问题是东道国腐败。四川省网信企业自身存在的最大潜在问题是对区域制度差异认识不足，非洲国家本土企业存在的最大潜在问题是技术基础差。

二　问卷调研

问卷调查对象为四川省网信企业员工和以加纳、肯尼亚为重点代表的非洲网信企业员工。调研对象为网信企业，所以应当排除农业、医疗、教育等其他领域的企业。问卷的发放与回收采用线上方式，历时三周，收回线上问卷共 117 份，其中针对四川省网信企业员工的中文问卷共 64 份，无效问卷数量为 35 份，有效问卷率为 45%；针对以加纳、肯尼亚为重点代表的非洲网信企业员工的英文问卷共 53 份，其中无效问卷数量为 30 份，有效问卷率为 43%。有效样本总数符合要求。

（一）四川省网信企业调研情况

问卷调研对象为四川省网信企业员工，其中包括以华为赛门铁克科技有限公司为代表的 Crunchbase 数据库中的 48 家四川省网信企业，以及成都鼎蓉金服科技有限公司、昇非一体化产业园和加纳凯泰集团的员工。本问卷发布于国内"问卷星"网站，通过网址链接在线发放匿名问卷。

根据图 3-28，在被调研的四川省网信企业中，基础层网信企业数量为 12 家，占比 18.75%；应用层网信企业数量为 9 家，占比 14.06%；终端层网信企业数量为 8 家，占比 12.50%。

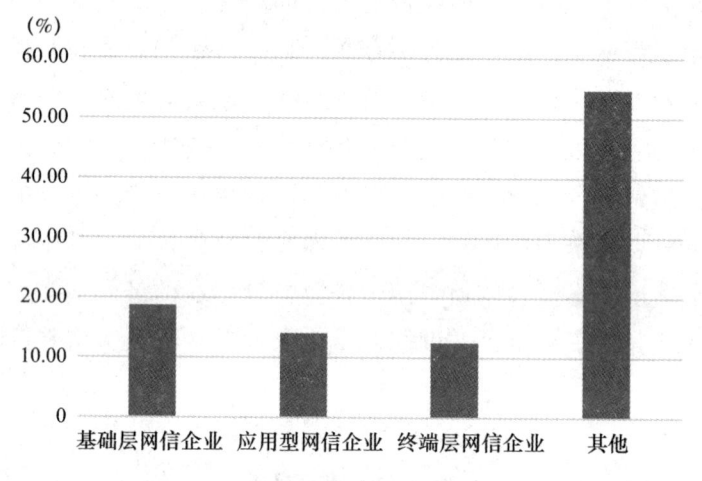

图 3-28 调研的四川省各类型网信企业的占比

根据问卷调研结果，在"非洲大陆自由贸易区能否为企业带来机遇"的问题上，图 3-29 表明，100% 的终端层网信企业员工认为非洲大陆自由贸易能为企业带来机遇，而 25% 的基础层网信企业员工和 33.33% 的应用层网信企业员工认为非洲大陆自由贸易区不能为企业带来机遇。

在"非洲大陆自由贸易区为企业带来何种机遇"的问题上，图 3-30 表明，83.33% 的基础层网信企业员工认为能够为企业带来市场需求，55.56% 的应用层网信企业员工认为能够为企业带来市场需求和经营利

第三章 四川省网信企业走进非洲大陆自由贸易区的调研与分析

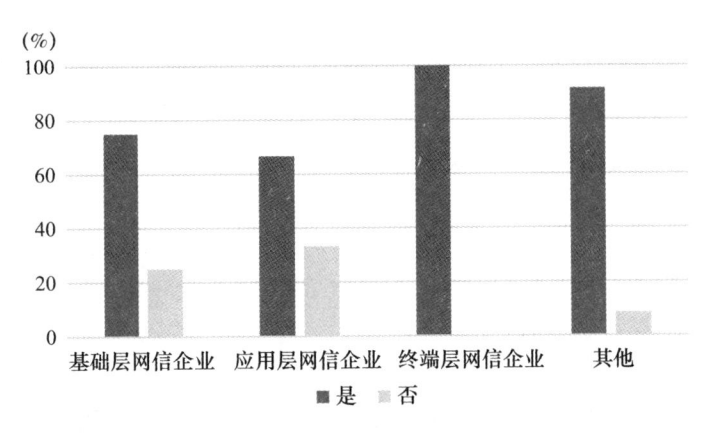

图 3-29 受访者认为四川省网信企业能否为非洲大陆自由贸易区带来机遇的情况

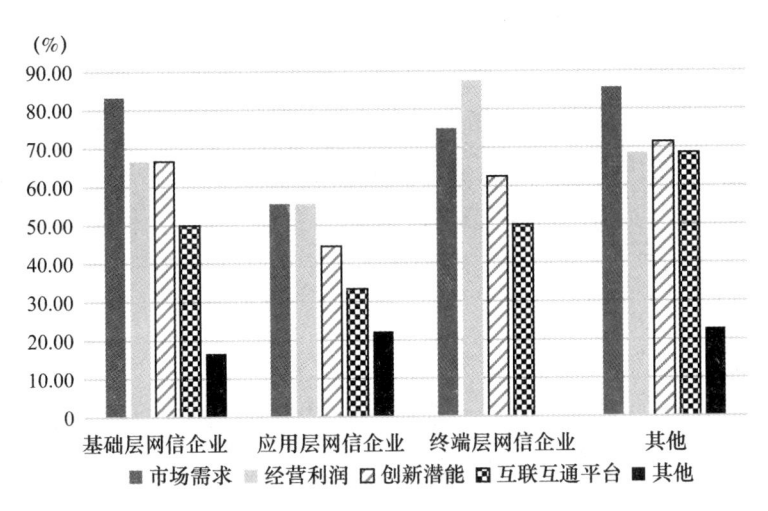

图 3-30 受访者认为四川省网信企业为非洲大陆自由贸易区带来机遇的情况

润，87.5%的终端层网信企业员工认为能够为企业带来经营利润，此外还有少部分企业员工认为能为企业带来创新潜能和互联互通平台。

在政府网络安全审查风险方面，图 3-31 表明，83.33%的基础层网信企业员工认为存在数据安全与信息隐私风险（占比最大），100%的应用层网信企业员工认为存在数据安全与信息隐私风险（占比最大），87.5%的终端层网信企业员工存在数据安全风险（占比最大）。此外，还

The Chinese E-Business Journey into AfCFTA: Evidence from Sichuan Province

有少部分员工认为存在知识产权壁垒风险。

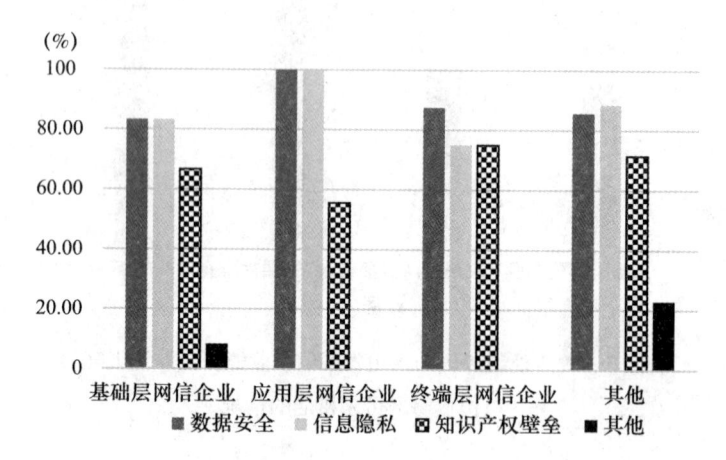

图 3-31 受访者关于政府网络安全审查风险的回答情况

在跨境支付风险方面，图 3-32 表明，83.33% 的基础层网信企业员工与 88.89% 的应用层网信企业员工均认为存在安全与监督问题风险（占比最大），75% 的终端层网信企业员工认为存在标准和互操作性风险（占比最大）。

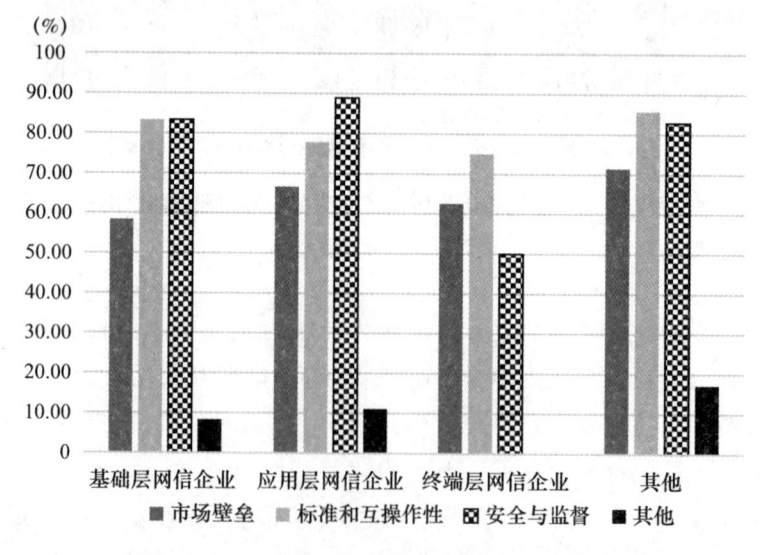

图 3-32 受访者关于跨境支付风险的回答情况

第三章　四川省网信企业走进非洲大陆自由贸易区的调研与分析

在技术风险方面，图 3-33 表明，83.38% 的基础层网信企业员工认为存在数字基础设施鸿沟与网络信息技术人员稀缺风险（占比最大），88.89% 的应用层网信企业员工认为存在技术标准差异风险（占比最大），75% 的终端层网信息企业员工认为存在网络信息技术人员稀缺风险（占比最大）。

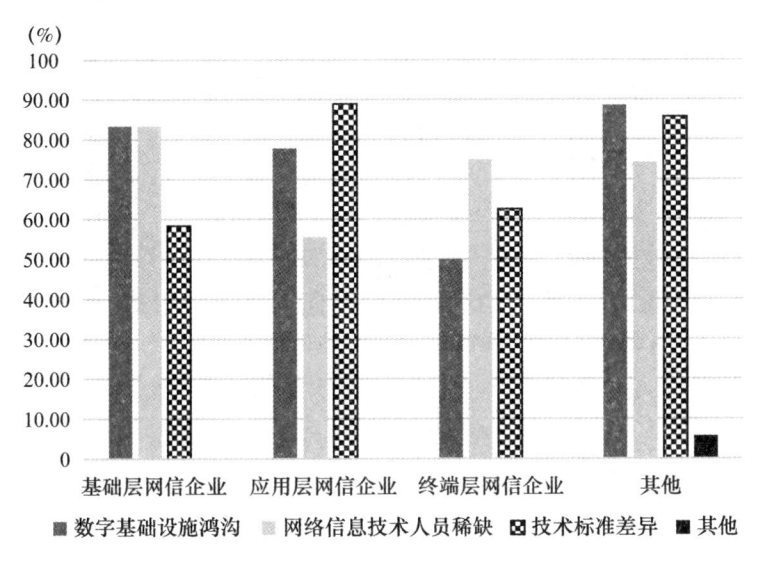

图 3-33　受访者关于技术风险的回答情况

在社会风险方面，图 3-34 表明，83.33% 的基础层网信企业员工认为存在文化冲突风险（占比最大），77.78% 的应用层网信企业员工认为存在文化冲突和语言差异风险（占比最大），87.5% 的终端层网信企业员工认为存在文化冲突风险（占比最大）。

在制度风险方面，图 3-35 表明，91.67% 的基础层网信企业员工认为存在不完善的争端解决机制风险（占比最大），88.89% 的应用层网信企业员工认为不完善的国际高标准经贸规则、不完善的法律制度和不完善的争端解决机制风险均存在，100% 的终端层网信企业员工认为存在不完善的法律制度风险（占比最大）。

在法律风险方面，图 3-36 表明，100% 的基础层网信企业员工认为存在法律文化的差异风险（占比最大），88.89% 的应用层网信企业员工认为存在不完善的法律制度风险（占比最大），87.5%的终端层网信企业员工认为存在法律文化的差异风险（占比最大）。

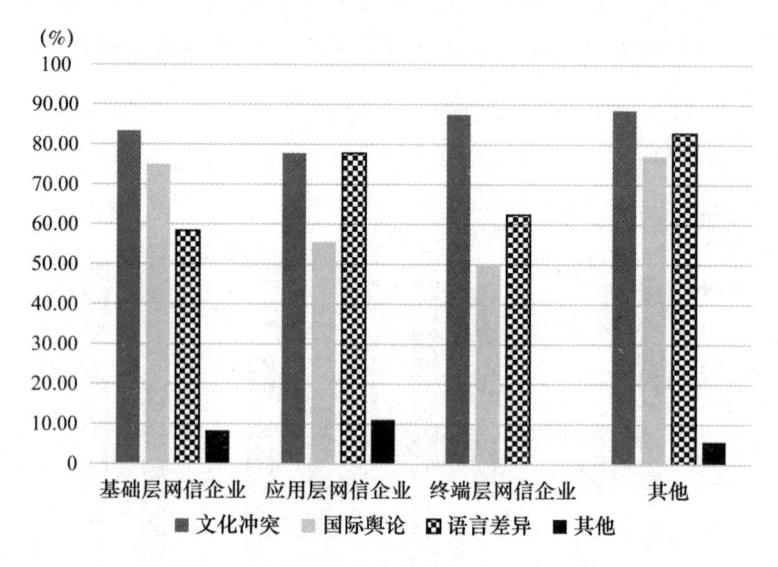

图 3-34 受访者关于社会风险的回答情况

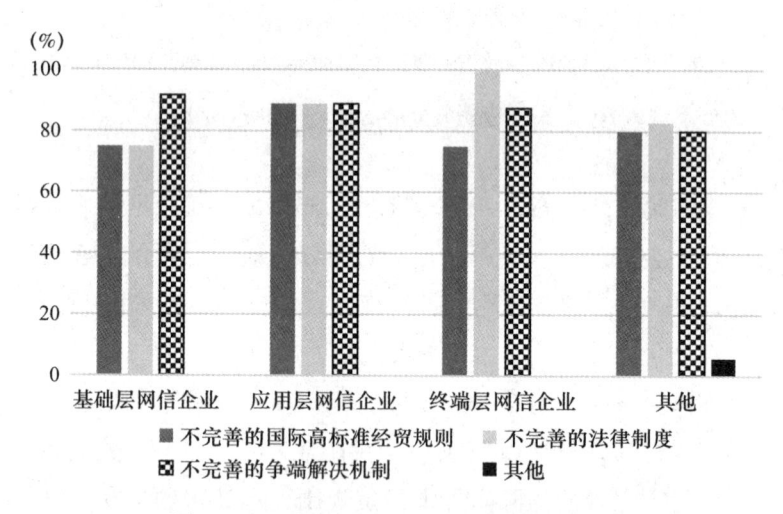

图 3-35 受访者关于制度风险的回答情况

在市场风险方面，图 3-37 表明，83.33%的基础层网信企业员工认为存在外汇限制和利率波动风险（占比最大），88.88%的应用层网信企业员工认为存在外汇限制和利率波动风险（占比最大），87.5%的终端层网信企业员工认为存在外汇限制风险（占比最大）。

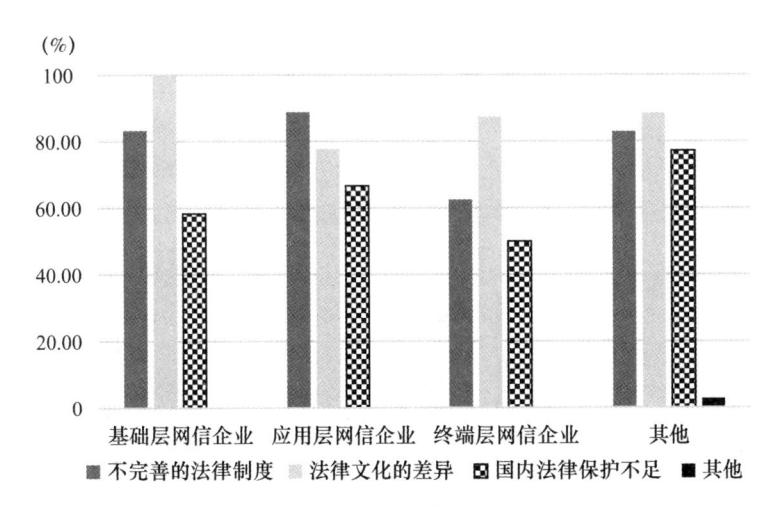

图 3-36 受访者关于法律风险的回答情况

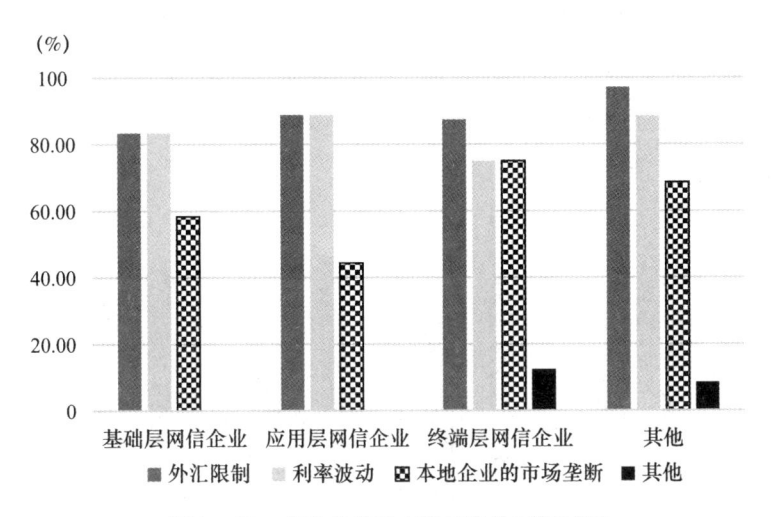

图 3-37 受访者关于市场风险的回答情况

在政治风险方面，图 3-38 表明，100%的基础层网信企业员工认为存在政治不稳定风险（占比最大），77.78%的应用层网信企业员工认为存在政治不稳定和外部力量干预风险（占比最大），100%的终端层网信企业员工认为存在政治不稳定和东道国腐败风险（占比最大）。

在四川省企业自身存在的问题上，图 3-39 表明，91.67%的基础层网信企业员工认为存在轻视区域制度差异的问题（占比最大），100%的应用层网信企业员工认为存在缺乏跨国商业战略的问题（占比最大），87.5%的终端层网信企业员工认为存在缺乏跨国商业战略的问题（占比最大）。

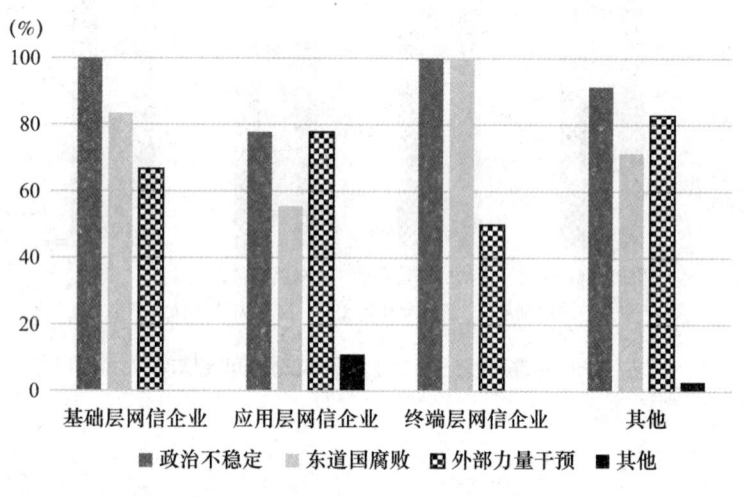

图3-38 受访者关于政治风险的回答情况

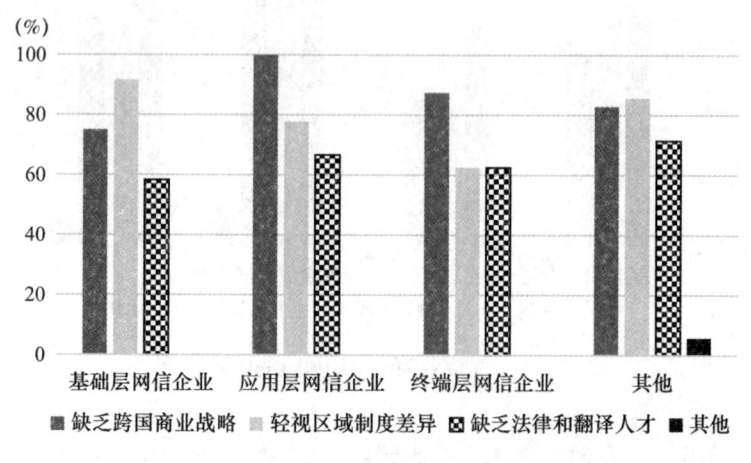

图3-39 受访者关于四川省网信企业自身潜在问题的回答情况

在非洲自贸区本土企业自身存在的问题上，图3-40表明，100%的基础层网信企业员工认为存在技术基础差的问题（占比最大），88.89%

的应用层网信企业员工认为存在技术基础差的问题（占比最大），100%的终端层网信企业员工认为存在技术基础差的问题（占比最大）。

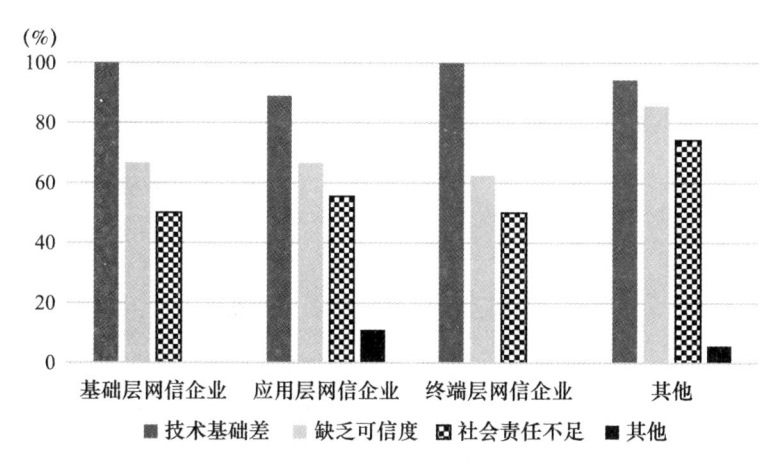

图 3-40 受访者关于非洲本土网信企业自身潜在问题的回答情况

（二）加纳、肯尼亚网信企业调研情况

本问卷的调研对象为以加纳、肯尼亚为重点代表的非洲网信企业员工，其中包括塞姆科技（Samtech Technologies）、Empax 数字科技公司（Empax Digital）、Cyber 计算机公司（Cyber）等非洲企业的员工。问卷发布于谷歌（Google）网站，通过加纳中华工商总会会长、贝宁华侨华人会会长、贝宁中资企业协会会长、电子科技大学非洲留学生在线发放和回收匿名问卷。

根据图 3-41，在被调研的以加纳、肯尼亚为重点代表的非洲网信企业中，基础层网信企业数量为 18 家，占比 33.96%；应用层网信企业数量为 3 家，占比 5.66%；终端层网信企业数量为 2 家，占比 3.77%。

在"企业是否从非洲大陆自由贸易区的建立中获益"的问题上，图 3-42 表明，61.11% 的基础层网信企业员工认为能没有获益，100% 的应用层和终端层网信企业员工认为能从中获益。由此可见，基础层网信企业目前对投资非洲的情况并不乐观，应用层和终端层网信企业对投资非洲的前景较为乐观。

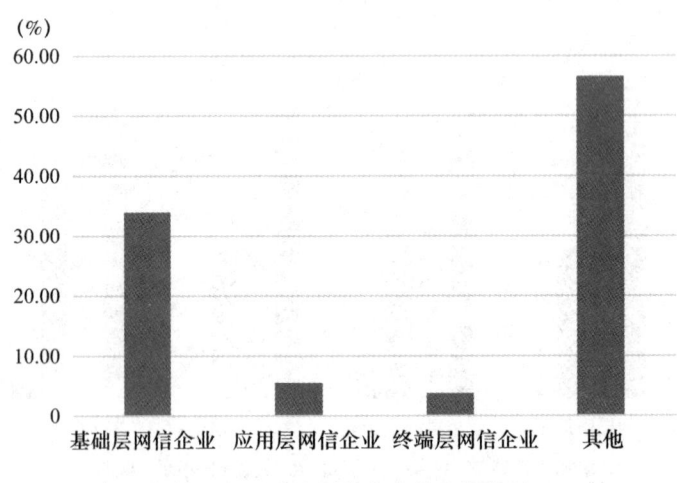

图 3-41 受访网信企业的分类情况

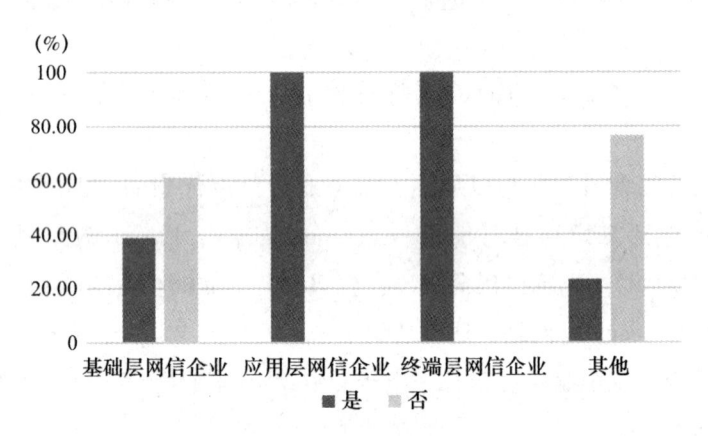

图 3-42 受访者认为四川省网信企业能否为非洲大陆
自由贸易区带来机遇的情况

在"非洲大陆自由贸易区建立为企业带来何种机遇"的问题上,图 3-43 表明,72.22% 的基础层网信企业员工认为非洲大陆自由贸易区的建立能够为企业带来创新潜能,100% 的应用层网信企业员工认为能够为企业带来创新潜能,100% 的终端层网信企业员工认为能够为企业带来市场需求和经营利润。

在政府网络安全审查风险方面,图 3-44 表明,66.67% 的基础层网信企业员工认为存在信息隐私风险（占比最大），100%的应用层网信企业员工认为存在信息隐私风险（占比最大），50%的终端层网信企业员工认为数据安全风险、信息隐私和知识产权壁垒风险均存在。

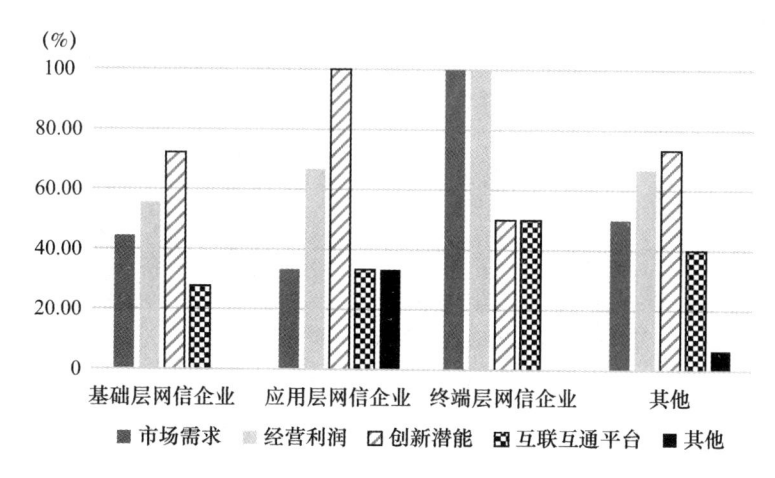

图3-43 受访者认为四川省网信企业为非洲大陆自由贸易区带来机遇的情况

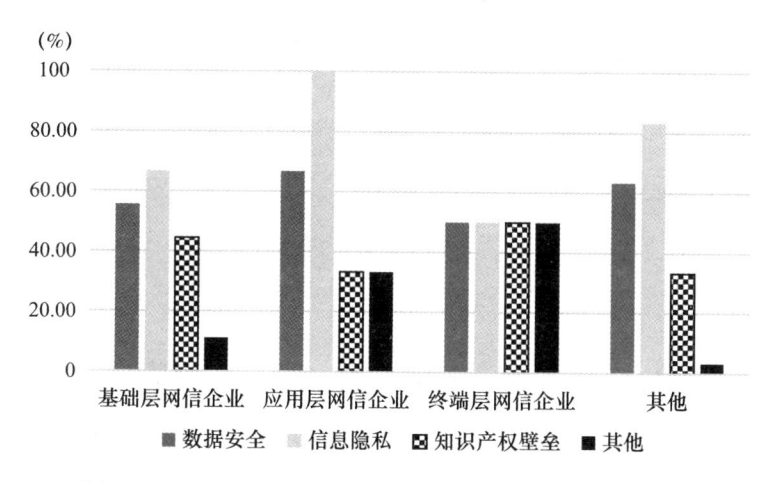

图3-44 非洲受访者对政府网络安全审查风险的回答情况

在跨境支付风险方面，图3-45表明，72.22%的基础层网信企业员工认为存在市场壁垒风险（占比最大），100%的应用层网信企业员工认为存在标准与互操作性风险（占比最大），50%的终端层网信企业员工认为市场壁垒风险、标准和互操作性风险、安全与监督风险均存在。

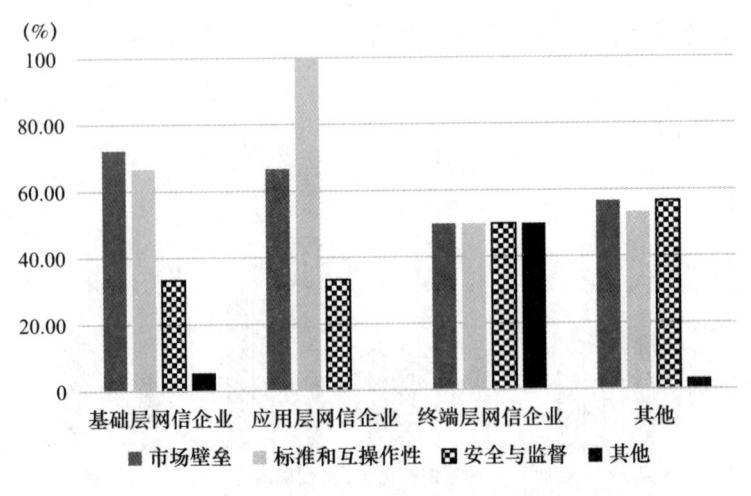

图 3-45 非洲受访者对跨境支付风险的回答情况

在技术风险方面，图 3-46 表明，72.22% 的基础层网信企业员工认为存在网络信息技术人员稀缺风险（占比最大），100% 的应用层网络信息企业员工认为存在网络信息技术人员稀缺风险（占比最大），50% 的终端层网信企业员工认为数字基础设施鸿沟、网络信息技术人员稀缺和技术标准差异风险均存在。

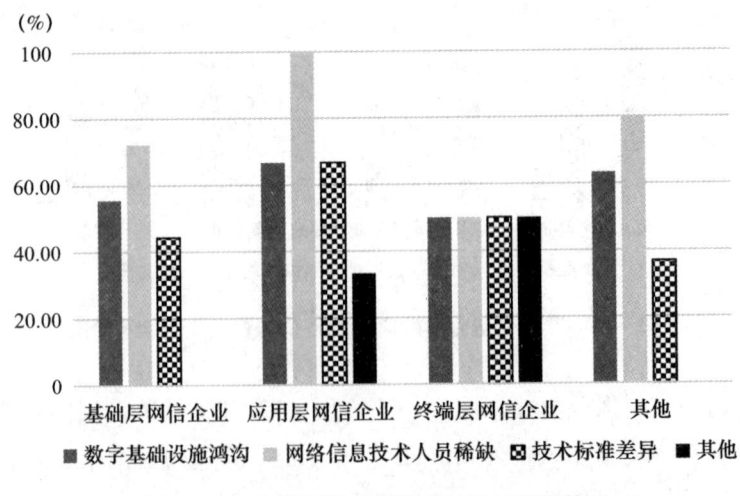

图 3-46 非洲受访者对技术风险的回答情况

第三章 四川省网信企业走进非洲大陆自由贸易区的调研与分析

在社会风险方面,图 3-47 表明,77.78% 的基础层网信企业员工认为存在国际舆论风险,100% 的应用层网信企业员工认为存在国际舆论风险,50% 的终端层网信企业员工认为文化冲突、国际舆论和语言差异风险均存在。

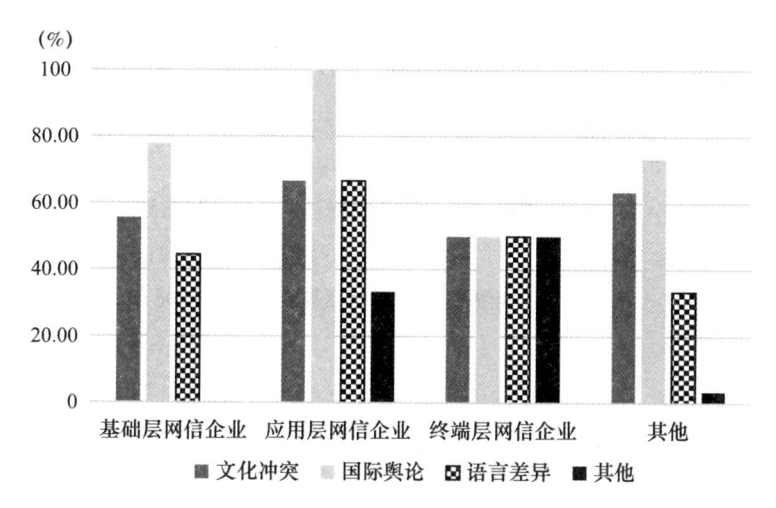

图 3-47 非洲受访者对社会风险的回答情况

在制度风险方面,图 3-48 表明,72.22% 的基础层网信企业员工认为存在不完善的法律制度风险(占比最大),100% 的应用层网信企业员工认为存在法不完善的法律制度风险(占比最大),50% 的终端层网信企业员工认为不完善的国际高标准经贸规则、不完善的法律制度和不完善的争端解决机制风险均存在。

在法律风险方面,图 3-49 表明,88.89% 的基础层网信企业员工认为存在法律文化的差异大风险(占比最大),100% 的应用层网信企业员工认为存在国内法律保护不足风险(占比最大),50% 的终端层网信企业员工认为不完善的法律制度、法律文化的差异大和国内法律保护不足风险均存在。

在市场风险方面,图 3-50 表明,72.22% 的基础层网信企业员工认为存在外汇限制风险(占比最大),100% 的应用层网信企业员工认为存在利率波动风险(占比最大),50% 的终端层网信企业员工认为外汇限制、利率波动和本地企业的市场垄断风险均存在。

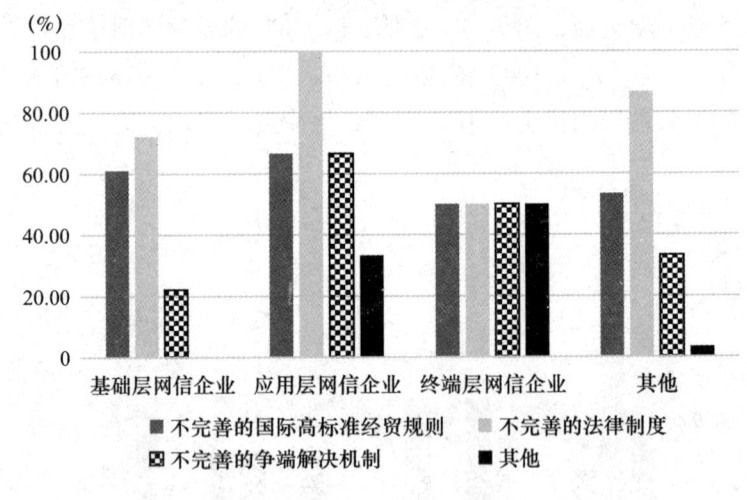

图 3-48 非洲受访者对制度风险的回答情况

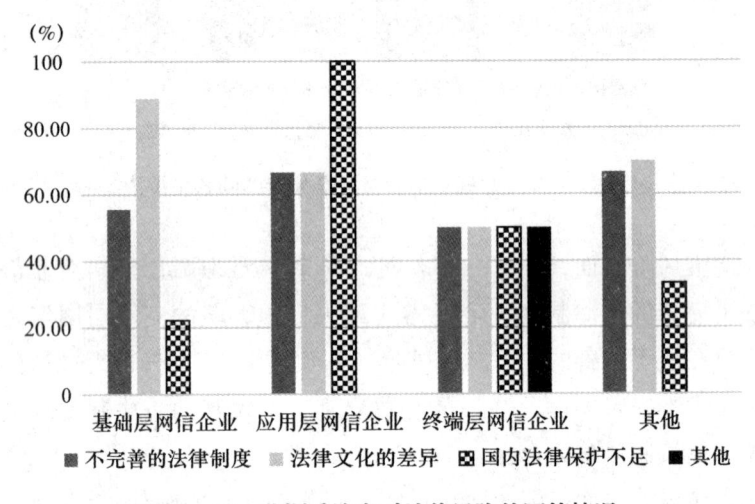

图 3-49 非洲受访者对法律风险的回答情况

在政治风险方面，图 3-51 表明，72.22%的基础层网信企业员工认为存在东道国腐败风险（占比最大），100%的应用层网信企业员工认为存在东道国腐败风险（占比最大），50%的终端层网信企业员工认为政治稳定风险、东道国腐败风险和外部力量干预风险均存在。

在投资企业自身存在的问题上，图 3-52 表明，77.78%的基础层网信企业员工认为存在缺乏跨国商业战略和轻视区域制度差异的问题（占比最大），100%的应用层网信企业员工认为存在轻视区域制度差异的问题（占比最大），50%的终端层网信企业员工认为缺乏跨国商业战略、轻视区域制度差异和缺乏法律和翻译人才的问题均存在。

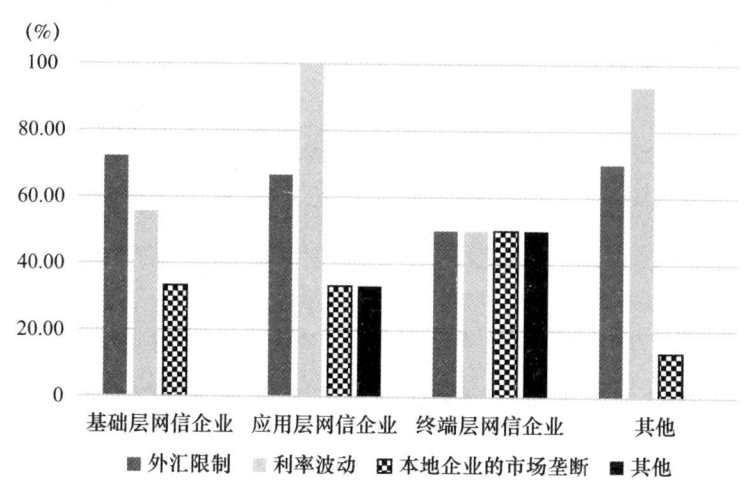

图 3-50 非洲受访者对市场风险的回答情况

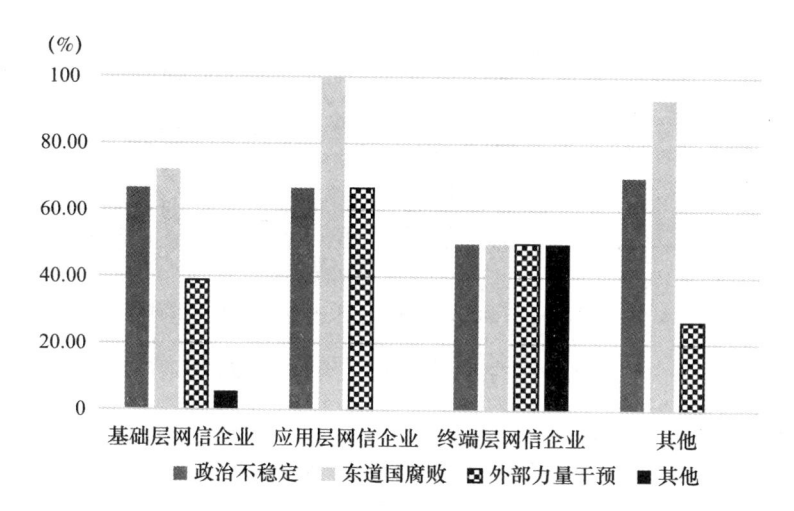

图 3-51 非洲受访者对政治风险的回答情况

在非洲自贸区本土企业自身存在的问题上，图 3-53 表明，83.33%的基础层网信企业员工认为存在技术基础差的问题（占比最大），100%的应用层网信企业员工认为存在缺乏可信度的问题（占比最大），100%的终端层网信企业员工认为存在缺乏可信度的问题（占比最大）。

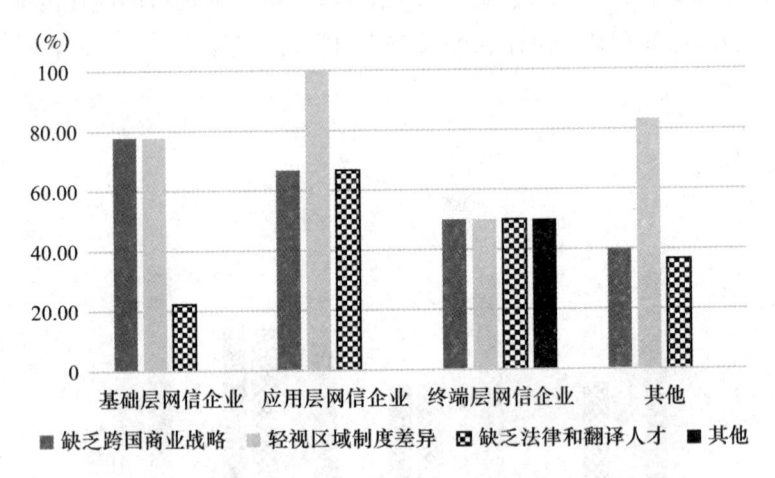

图 3-52 非洲受访者对投资企业自身潜在问题的回答情况

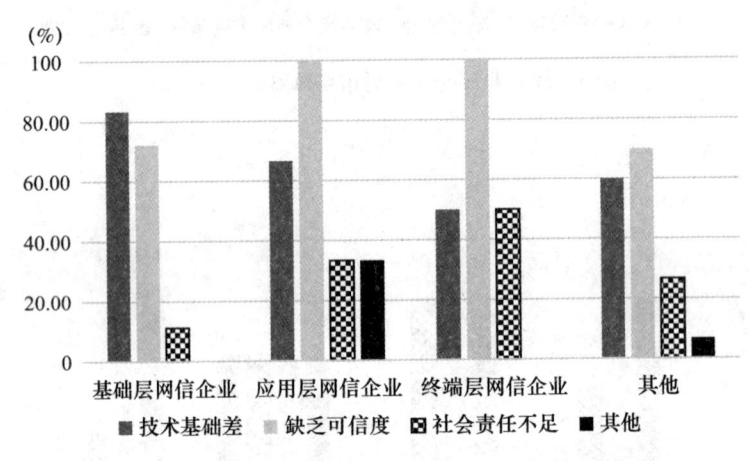

图 3-53 非洲受访者对本土企业自身潜在问题的回答情况

（三）问卷调研分析

问卷针对以加纳、肯尼亚为重点代表的非洲网信企业员工展开调研，受访企业中基础层网信企业占比 33.96%，应用层网信企业占比 5.66%，终端层网信企业占比 3.77%。调研显示，61.11% 的基础层网信企业员工认为不会从非洲大陆自由贸易区的建立中获益，100% 的应用层和终端层网信企业员工认为会从中获益。由此可见，目前基础层网信企业投资意愿并不强烈,应用层和终端层网信企业投资意愿比较强烈。其中,基础层和应用层网信企业认为创新潜能是最大机遇,终端层网信企业认为市场需求和经营利润是最大机遇。

第一,在市场方面,基础层网信企业面临的最大风险是外汇限制,应用层网信企业面临的最大风险是利率波动,终端层网信企业面临的最大风险是外汇限制、利率波动和本地企业的市场垄断。

第二,在制度方面,基础层和应用层网信企业面临的最大风险是不完善的法律制度,终端层网信企业临的最大风险是不完善的国际高标准经贸规则、不完善的法律制度和不完善的争端解决机制。

第三,在政府网络安全审查方面,基础层和应用层网信企业面临的最大风险是信息隐私,终端层网信企业面临的最大风险是数据安全、信息隐私和知识产权壁垒。

第四,在跨境支付方面,基础层网信企业面临的最大风险是市场壁垒,应用层网信企业面临的最大风险是标准和互操作性,终端层网信企业面临的最大风险是市场壁垒、安全与监督、标准和互操作性不统一。

第五,在法律方面,基础层网信企业面临的最大风险是法律文化的差异,应用层网信企业面临的最大风险是国内法律保护不足,终端层网信企业面临的最大风险是不完善的法律制度、法律文化的差异和国内法律保护不足。

第六,在社会方面,基础层和应用层网信企业面临的最大风险是国际舆论,终端层网信企业临的最大风险是文化冲突、国际舆论和语言差异。

第七,在技术方面,基础层和应用层网信企业面临的最大风险是网络信息技术人员稀缺,终端层网信企业面临的最大风险是基础设施鸿沟、网络信息技术人员稀缺和技术标准差异。

第八,在政治方面,基础层和应用层网信企业面临的最大风险是东道国腐败,终端层网信企业面临的最大风险是政治不稳定、东道国腐败和外部力量干预。

第九,基础层网信企业自身存在最大问题是缺乏跨国商业战略和轻视区域制度差异,应用层网信企业自身存在最大问题是轻视区域制度差异,终端层网信企业自身存在最大问题是缺乏跨国商业战略、轻视区域制度差异、缺乏法律和翻译人才。

第十，非洲国家本土基础层网信企业自身最大潜在问题是技术基础较差，非洲国家本土应用层和终端层网信企业自身最大潜在问题是缺乏可信度。

问卷针对 Crunchbase 数据库中的 48 家四川省网信企业员工展开调研，受访企业中基础层网信企业占比 18.75%，应用层网信企业占比 14.06%，终端层网信企业占比 12.50%。调研显示，25% 的基础层网信企业员工和 33.33% 的应用层网信企业员工认为非洲大陆自由贸易区不能为企业带来机遇，100% 的终端层网信企业员工认为非洲大陆自由贸易能为企业带来机遇。由此可见，目前基础层和应用层网信企业投资意愿并不强烈，终端层网信企业投资意愿比较强烈。其中，基础层网信企业认为市场需求是最大机遇，应用层网信企业认为市场需求和经营利润是最大机遇，终端层网信企业认为经营利润是最大机遇。

第一，在市场方面，基础层、应用层网信企业面临的最大风险是外汇限制和利率波动，终端层网信企业面临的最大风险是外汇限制。

第二，在制度方面，基础层网信企业面临的最大风险是不完善的争端解决机制，应用层网信企业面临的最大风险是不完善的国际高标准经贸规则、不完善的法律制度和不完善的争端解决机制，终端层网信企业面临的最大风险是不完善的法律制度。

第三，在政府网络安全审查方面，基础层、应有层网信企业面临的最大风险是数据安全以及信息隐私，终端层网信企业面临的最大风险是数据安全。

第四，在跨境支付方面，基础层企业面临的最大风险包括标准和互操作性、安全与监督，应用层网信企业面临的最大风险是安全与监督，终端层网信企业面临的最大风险是标准和互操作性不统一。

第五，在法律方面，基础层和终端层网信企业面临的最大风险是法律文化的差异，应用层网信企业面临的最大风险是不完善的法律制度。

第六，在社会方面，基础层网信企业面临的最大风险是文化冲突，应用层网信企业面临的最大风险是文化冲突和语言差异，终端层网信企业面临的最大风险是文化冲突。

第七，在技术方面，基础层网信企业面临的最大风险是数字基础设施鸿沟与网络信息技术人员稀缺，应用层网信企业面临的最大风险是技术标准差异，终端层网信企业面临的最大风险是网络信息技术人员稀缺。

第八，在政治方面，基础层网信企业面临的最大风险是政治不稳定，应用层网信企业面临的最大风险是政治不稳定和外部力量干预，终端层网信企业面临的最大风险是政治不稳定和东道国腐败。

第九，基础层网信企业自身存在最大问题是轻视区域制度差异，应用层网信企业自身存在最大问题是缺乏跨国商业战略，终端层网信企业自身存在最大问题是缺乏跨国商业战略。

第十，非洲国家本土基础层、应用层和终端层网信企业自身最大潜在问题都是技术基础差。

上述问卷调研分析表明，针对非洲网信企业员工的调研结论与针对四川省网信企业员工的调研结论存在一定偏差，后续将进行进一步的研究。主要偏差与一致如下。

在市场方面，基础层网信企业面临的最大风险是外汇限制，应用层网信企业面临的最大风险是利率波动，终端层网信企业面临的最大风险是外汇限制、利率波动和本地企业的市场垄断。可见，终端层网信企业在进入非洲市场方面所要面临的风险较多。

在机构方面，基础层网信企业面临的最大风险结论存在偏差，但应用层和终端层网信企业面临的最大风险结论一致，均为不完善的法律制度。

在政府网络安全审查方面，基础层和应用层网信企业面临的最大风险是信息隐私，终端层网信企业面临的最大风险是数据安全。

在跨境支付方面，基础层网信企业面临的最大风险结论存在偏差，应用层网信企业面临的最大风险结论存在差异，终端层网信企业面临的最大风险是标准和互操作性不统一。

在法律方面，基础层网信企业面临的最大风险是法律文化的差异，应用层网信企业面临的最大风险结论存在偏差，终端层网信企业面临的最大风险是法律文化的差异。

在社会方面，基础层和应用层网信企业面临的最大风险结论存在偏差，终端层网信企业面临的最大风险是文化冲突。

在技术方面，基础层和终端层网信企业面临的最大风险是网络信息技术人员稀缺，应用层网信企业面临的最大风险结论存在偏差。

在政治方面，基础层和应用层网信企业面临的最大风险结论存在偏差，终端层网信企业面临的最大风险是政治不稳定和东道国腐败。

基础层网信企业自身存在最大问题是轻视区域制度差异，应用层网信企业自身存在最大问题结论存在偏差，终端层网信企业自身存在最大问题是缺乏跨国商业战略。

非洲国家本土基础层网信企业自身最大潜在问题是技术基础差，非洲国家本土应用层和终端层网信企业最大潜在问题结论存在偏差。

三　结　构　访　谈

结构访谈作为一种定性研究方法，是谈话者和受访对象面对面或一对一的谈话形式。本次访谈采用结构性谈话，访谈问题根据经检验的问卷问题确定，针对四川省网信企业负责人和肯尼亚网信企业负责人分别制定了中文访谈问题和英文访谈问题。

（一）面向四川省网信企业负责人结构访谈

本研究主要对4家四川省网信企业相关负责人进行了访谈，包括成都鼎蓉金服科技有限公司负责人、中非贸易研究中心负责人、昇非一体化产业园中国区负责人和加纳凯泰集团总裁。成都鼎蓉金服科技有限公司，其核心业务是金融科技服务。主要包括为金融行业提供软件产品、软件开发、数字金融解决方案和技术服务；为企业提供移动信息服务、移动商务解决方案；电子商务；等等。在支付场景产品、支付后服务、商业数据处理服务等方面拥有多项自主创新应用和自主产品。该公司还与国内多家主要金融机构、大型通信运营商达成战略合作，并向多家行业翘楚企业提供了产品与服务。在移动支付行业，为医院、高校等细分领域提供量身定制的全数字化、移动支付解决方案，[①] 具备低成本、高弹

[①] 《成都鼎蓉金服科技有限公司》，2015年12月25日，天眼查，https://www.tianyancha.com/company/2433311825。

性、高可用、安全合规的特性。在区块链行业，港口码头等多个行业场景有区块链解决方案，拥有多个基于区块链的软件著作权专利。该公司也是 2020 年数字人民币成都试点成员单位之一，参与数字人民币的多个试点项目。目前正在研发基于数字人民币的智能薪资管理和发放平台。

昇非集团成立于 2010 年，由新加坡淡马锡集团旗下的奥兰国际有限公司和非洲金融公司控股，非洲金融公司是由非洲 28 个主权国家组成的基金，穆迪信用评级为 A3，资产总额达 45 亿美元。作为非洲最大的一体化工业平台，昇非集团在非洲各国已开发建立了多个产业工业园，并积累了丰富的平台运营服务经验。早在 2010 年昇非成立初期，即已开始了非洲—加蓬经济特区项目，开始了包括招商引资在内的工业园开发和运营。截至目前，已有来自 57 个国家的 120 名投资者入驻了加蓬恩科工业园，创造外国直接投资总额高达 17 亿美元，高效推动加蓬经济发展，将加蓬打造成了非洲最大、全球第二的木皮生产、出口国。除此之外，恩科工业园还为加蓬创造了无数的就业机会，极大地提升了加蓬的经济，改善了就业环境。

关于"非洲大陆自由贸易区的建立能够为网信企业带来何种机遇"问题，我们采访了中非贸易研究中心负责人。

访谈资料 1：F，男，中非贸易研究中心负责人

答：非洲大陆自由贸易区作为一个共谋整体，在政策制定和方向目标等方面是一体化的，这对于网信企业拓展非洲市场而言，是巨大机遇。非洲的互联网基础设施、硬件终端使用、应用层系统开发等都将得到全面提升，以带动整体社会和经济的效率性改革。

关于"网信企业走进非洲大陆自由贸易区在政府网络安全审查方面存在何种风险"问题，我们采访了昇非一体化产业园中国区负责人和成都鼎蓉金服科技有限公司负责人。

访谈资料 2：W，男，昇非一体化产业园中国区负责人

答：一方面，非洲尚未建立起非常完善的网络安全法规和成熟的网络安全审查制度，临时起"法"可能会打乱网信企业的运营节奏，为企业带来运营风险。另一方面是系统革新风险，这种风险尤其体现在公共部门。由于"触"网时间较短、复杂系统开发对外依赖性较高，出于对涉"敏"数据的保护和对人力资源、资金成本的考量，非洲公共部门对

于原有系统革新的响应速度和审查程序往往较为缓慢和复杂，这对从事公共部门系统建设和应用开发的网信企业而言是个不小的挑战。

访谈资料3：L，女，成都鼎蓉金服科技有限公司负责人

答：中国网信企业出海去非洲首先面临的是如何合法使用VPN，其次是了解当地国家的政策，最后是和当地政府沟通交流等困难。

关于"网信企业走进非洲大陆自由贸易区在跨境支付方面存在何种风险"问题，我们采访了中非贸易研究中心负责人和成都鼎蓉金服科技有限公司负责人。

访谈资料4：F，男，中非贸易研究中心负责人

答：汇率风险和外汇管控风险可能是网信企业走进非洲大陆自由贸易区需要首先考虑的风险问题。非洲国家的汇率波动普遍受国际影响较大，会随着国际环境出现较大起伏。多数非洲国家外汇储备不足，在人民币尚未在非洲广泛普及的前提下，非洲国家对外汇监管普遍较严，传统通用外汇的使用势必会为跨境支付带来更高的成本。

访谈资料5：L，男，成都鼎蓉金服科技有限公司负责人

答：非洲国家普遍存在汇率、汇兑等问题，跨境交易支付存在一定的门槛和风险。

关于"网信企业走进非洲大陆自由贸易区在技术方面存在何种风险"问题，我们采访了加纳凯泰集团总裁和成都鼎蓉金服科技有限公司负责人。

访谈资料6：T，男，加纳凯泰集团总裁

答：互联网应用率低影响了非洲网络用户的增长，在电力及网络基础设施薄弱的地区，"触网"成为难题。非洲原有应用系统的升级，涉及应用系统开发、人员培训、人才匹配和系统稳定性的维护，这些都需要资金与人才。

访谈资料7：L，女，成都鼎蓉金服科技有限公司负责人

答：网信企业缺乏对当地数字基础设施的认识，同时当地数字基础设施欠发达，存在远程管理服务的难度。

关于"投资企业和非洲本土企业自身存在何种问题"，我们采访了加纳凯泰集团总裁。

访谈资料8：T，男，加纳凯泰集团总裁

答：在非洲互联网建设的实践道路上，中国和非洲本土网信企业都提出了自己的"非洲式解决方案"。以华为、中兴、传音、四达时代等为代表的中国投资企业，在互联网基础设施建设、终端设备制造和互联网内容输出等方面给出了中国投资企业的运作方案。以 MTN 集团、Jumia 为代表的非洲本土企业则在通信和互联网平台应用等层面持续探索。同时，Vodafone（M-Pesa）等跨国知名企业也让互联网金融科技（移动支付）实践落地非洲多国。从前期广泛的非洲实践经验对比来看，中国网信企业走进非洲大陆自由贸易区更具技术、资金、设备和应用实践优势，但非洲本土企业更理解非洲本地化的内容生成选择和应用输出模式，也更能协调整个发展过程中涉及的当地文化参与。中国投资企业与非洲本土企业应合力对非洲大陆自由贸易区进行高流动性、高活跃率、高输出率的互联网环境改造。

（二）面向肯尼亚网信企业负责人结构访谈

肯尼亚是东非第一大经济体，肯尼亚是撒哈拉以南经济基础最好的非洲国家，也是非洲最大的贸易市场之一，优越的地理位置[1]使肯尼亚成为"一带一路"建设的重要支点，肯尼亚也是获得中国投资最多的国家之一。[2] 截至 2018 年 12 月，肯尼亚互联网用户总数为 4570 万人，占总人口的 83%，其中宽带用户占 47.9%，其数字经济具有良好的发展前景。本次访谈访问了 5 家肯尼亚网信企业相关负责人，其中包括 Wymore IT Solutions，Jomo Kenyatta University of Agriculture and Technology，Empax Digital，Samtech Technologies，Big Brother Cyber Café and Computer Services 的负责人。这五家企业均属于提供互联网媒介和内容服务的平台经济企业，即终端层网信企业。

关于"非洲大陆自由贸易区的建立能够为网信企业带来何种机遇"问题，我们采访了 Wymore IT Solutions 的负责人、Empax Digital 的负责人

---

[1] 云娟娟：《非洲支点》，《中国服饰》2019 年第 5 期。
[2] 朱悠然、蔡宏波：《全球自贸区发展与中国自贸区建设》，《国际经济合作》2016 年第 1 期。

和 Big Brother Cyber Café and Computer Services 的负责人。

访谈资料1：Z，男，Wymore IT Solutions

回答：非洲大陆自由贸易区的建立将开拓非洲市场，发掘国家潜力。

访谈资料2：W，男，Empax Digital

回答：非洲大陆自由贸易区的建立将为大多数非洲人提供就业机会，从而提高生活质量，将使数百万人摆脱极端贫困。

访谈资料3：Q，女，Big Brother Cyber Café and Computer Services

回答：非洲大陆自由贸易区作为一个亟待充分开发的市场，将会减少贫困，改善人民生活。

关于"网信企业走进非洲大陆自由贸易区在政府网络安全审查方面存在的风险"问题，我们采访了 Jomo Kenyatta University of Agriculture and Technology 的负责人和 Samtech Technologies 的负责人。

访谈资料4：K，男，Jomo Kenyatta University of Agriculture and Technology

回答：未知人员的网络攻击和潜在黑客的存在，会使重要信息丢失，这是需要关注的风险。

访谈资料5：P，女，Samtech Technologies

回答：许多非洲国家目前没有适当的数据监管政策来支持和保障数据隐私和安全。

关于"网信企业走进非洲大陆自由贸易区在跨境支付方面存在的风险"问题，我们采访了 Samtech Technologies 的负责人和 Jomo Kenyatta University of Agriculture and Technology 的负责人。

访谈资料6：P，女，Samtech Technologies

回答：在交易费用和监管规则上，自贸区的参与者之间缺乏共识。

访谈资料7：K，男，Jomo Kenyatta University of Agriculture and Technology

回答：市场壁垒是一个很大的障碍，此外还缺乏良好的数字监管环境。

关于"网信企业走进非洲大陆自由贸易区在技术方面存在的风险"问题，我们采访了 Wymore IT Solutions 的负责人和 Big Brother Cyber Café and Computer Services 的负责人。

访谈资料8：Z，男，Wymore IT Solutions

回答：中国与非洲国家的数字基础设施差距较大，部分工作人员缺乏信任和专业知识。

访谈资料9：Q，女，Big Brother Cyber Café and Computer Services

回答：数字基础设施差距巨大是一大阻碍。

关于"投资企业和非洲本土企业自身存在的问题"，我们采访了 Big Brother Cyber Café and Computer Services 的负责人和 Wymore IT Solutions 的负责人。

访谈资料10：Q，女，Big Brother Cyber Café and Computer Services

回答：投资企业的劣势在于非洲国家的经济发展落后，部分企业的资金储备可能不足。

访谈资料11：Z，男，Wymore IT Solutions

回答：投资企业的劣势在于缺乏 IP 保护，可能面临网络攻击。

（三）结构访谈结果分析

访谈发现，有关"非洲大陆自由贸易区的建立能够为网信企业带来何种机遇"的问题，受访者大多表现出乐观态度。网信企业走进非洲大陆自由贸易区符合中非发展的共同愿景，拥有国家间发展合作的制度保障，非洲拥有着明显的市场优势，其市场投资、发展与增长潜力巨大。在政府网络安全审查方面，受访者认为存在数据安全、信息隐私和系统革新等风险。在跨境支付方面，受访者认为存在利率波动、外汇限制、安全监管、支付成本等风险。在技术方面，受访者认为存在数字基础设施鸿沟和网络信息技术人员稀缺等风险。在"投资企业和非洲本土企业自身潜在问题"上，受访者认为投资网信企业自身存在缺乏跨国商业战略和区域制度差异的劣势，但也存在着技术、资金、设备和应用实践优势，而非洲大陆自由贸易区本土企业存在着技术基础差等劣势。

第三节　调研结论

通过最优最劣多准则决策法、问卷调查法和结构访谈法获取的三种调研结论，虽然存在一定的偏差，但同时存在一些共性结论：目前基础层网信企业投资意愿并不强烈，应用层和终端层网信企业投资意愿比较强烈，网信企业走进非洲大陆自由贸易区面临的最大风险是市场风险。下面针对不同类型的网信企业进行具体分析。

一 关于基础层网信企业的调研结论

基础层网信企业走进非洲大陆自由贸易区面临的风险：在市场方面面临的最大风险是外汇限制，在制度方面结论存在偏差，在政府网络安全审查方面面临的最大风险是信息隐私，在跨境支付方面结论存在偏差，在法律方面面临的最大风险是法律文化的差异，在社会方面结论存在偏差，在技术方面面临的最大风险是网络信息技术人员稀缺，在政治方面结论存在偏差。基础层网信企业自身最大潜在问题是轻视区域制度差异，非洲国家本土基础层网信企业自身最大潜在问题是技术基础差。

二 关于应用层网信企业的调研结论

应用层网信企业走进非洲大陆自由贸易区面临的风险：在市场方面面临的最大风险是利率波动，在制度方面面临的最大风险是不完善的法律制度，在政府网络安全审查方面面临的最大风险是信息隐私，在跨境支付方面结论存在偏差，在法律方面结论存在偏差，在社会方面结论存在偏差，在技术方面结论存在偏差。应用层网信企业自身最大潜在问题和非洲国家本土应用层网信企业自身最大潜在问题结论存在偏差。

三 关于终端层网信企业的调研结论

终端层网信企业走进非洲大陆自由贸易区面临的风险：在市场方面面临的最大风险是外汇限制、利率波动和本地企业的市场垄断，在制度方面面临的最大风险是不完善的法律制度，在政府网络安全审查方面面临的最大风险是数据安全，在跨境支付方面面临的最大风险是标准和互操作性不统一，在法律方面面临的最大风险是法律文化的差异，在社会

第三章　四川省网信企业走进非洲大陆自由贸易区的调研与分析

方面面临的最大风险是文化冲突，在技术方面面临的最大风险是网络信息技术人员稀缺，在政治方面最大风险是政治不稳定和东道国腐败。终端层网信企业自身最大潜在问题是缺乏跨国商业战略。非洲国家本土终端层网信企业最大潜在问题结论存在偏差。

非洲大陆自由贸易区的建立带来了许多投资机会，然而也存在许多潜在风险。当新的风险和机遇出现时，企业应该具备足够的灵活性，重新调整他们的计划。由于非洲大陆自由贸易区巨大的市场潜力，网信企业进入非洲市场必将产生巨大的投资回报。

第四章

中国网信企业走进非洲大陆自由贸易区的战略定位与策略建议

第一节 中国网信企业走进非洲大陆自由贸易区的战略定位

经过前期对四川省网信企业走进非洲大陆自贸区的深度调研，分析出中国网信企业走进非洲大陆自贸区是具备坚实的现实依据的。

前期调研结果对中国网信企业走进非洲大陆自由贸易区具有重要借鉴意义。从企业的角度来看有以下几方面。第一，目前中国网信企业走进非洲大陆自由贸易区面临很多发展机遇与潜在风险。中国网信企业走进非洲大陆自由贸易区具备市场潜力大、产品和服务需求大、投资回报大的发展机遇。第二，中国网信企业必须降低市场风险，以减轻走进非洲大陆自由贸易区可能会带来的潜在危害，如采取分散投资、对冲货币风险等具体措施。第三，中国网信企业必须意识到与信息隐私相关的法律风险。非洲大陆自由贸易区中的大多数国家都拥有惩罚性的数据保护法，若侵犯这些信息隐私，企业将会受到严重的法律惩罚，进而影响企业收益和企业形象。第四，尽管存在潜在的跨境支付风险，但中国网信企业若使用泛非支付结算系统，将更方便地在非洲大陆进行货物交易，

第四章　中国网信企业走进非洲大陆自由贸易区的战略定位与策略建议

这将减轻人们对跨境支付的担忧。第五，政治风险低将为中国电子商务和互联网企业提供良好的投资营商环境，网信企业可以制订长期计划，而不必担心由于政治不稳定而失去投资。对中国政府而言有以下几方面。第一，非洲大陆自由贸易区为网信企业提供了巨大的市场需求，这意味着将有巨大的投资回报。因此，政府可以为中国网信企业提供金融支持，以满足非洲市场对产品和服务的高需求。第二，中国政府可以深化与非洲大陆自由贸易区的关系，实现互惠互利，共同承担风险。第三，中国政府也可以给予这些网信企业税收减免，从而激励其充分利用非洲大陆自由贸易区这一巨大市场实现收益。长期经营将带来大量利润，税收也就相应增长。第四，中国网信企业的巨大市场机遇需要中国政府和私营部门之间的通力合作。鉴于非洲大陆自由贸易区很可能为中国网信企业创造机遇，国家有必要在外交政策上优先考虑与非洲大陆自由贸易区有关的合作政策。

另外，中国企业自改革开放以来利用自身优势逐渐向国际市场进军，在开拓国际市场中总结了诸多经验教训，能够为中国走进非洲大陆自由贸易区提供借鉴。第一，制定市场开拓战略，明确市场进入目标，合理部署短中长期规划，制定国际性运营策略，建立多中心市场进入途径。第二，适当进行联合兼并，整合企业内外部资源，加强与当地原生企业合作，不断扩大市场份额。第三，推进技术创新，打造数字转型智能升级，融合创新发展模式，增强核心竞争力，运用优质产品与服务在国际市场中定位。第四，实施品牌战略，在提供优质产品与服务的同时注重宣传营销，打造企业品牌，塑造企业海外形象。

企业国际化战略的核心是跨国市场进入模式的选择，正确选择市场进入模式是企业国际化经营成功的关键。跨国市场进入模式主要有出口、合同进入、对外直接投资等。网信企业在跨国市场进入模式的选择上，应在考虑自身投资能力以及风险承受能力的基础上，结合投资区域、项目特点及组合方式的收益回报率，进而确定跨国市场进入模式。从网信企业投资国际市场现状来看，股权式设立合资公司和非股权式合同是企业进入国际市场的两种主要形式。尤其是在共建"一带一路"合作国家中，灵活地采用诸如签署合作协议、进行租赁经营等跨国市场进入模式。经过前期对四川省网信企业走进非洲大陆自贸区的发展机遇、潜在风险以及制约因素的调研，结合网信企业自身特性并立足于目前非洲大陆自由贸易区的市场环境，研究认为中国网信企业应该选择综合性的跨国市场进入模式，包括前文提及的贸易进入、契约进入和投资进入模式，以降低其跨国经营活动风险，从而与非洲国家开展长期稳定的合作和贸易往来。

本书结合对四川省网信企业走进非洲大陆自由贸易区的潜在风险的深入分析，确立了基于网信企业三分类的渐进式非洲大陆自贸区市场进入策略。发展战略理论是目前中国企业海外投资及风险防范的主要理论之一，该理论重点阐述了中国企业进行海外投资活动的策略问题，为进一步分析网信企业海外投资面临的风险及风险管理奠定了基础。该理论认为，海外投资既符合全球化发展趋势，又迎合中国当前经济发展阶段的内在要求。作为发展中国家的海外投资企业，网信企业在投资过程中将会面临许多共性风险，如政治风险、金融风险、运营风险以及法律风险等，因此应该加强企业的风险防范意识和能力，以减少海外投资风险带来的损失。此外，本书基于产业协作关系，将网信企业分为三种类型，分别是基础层网信企业、应用层网信企业和终端层网信企业。第一类是基础层网信企业，提供互联网基础设施。它构建了网络整体环境，为应用层、终端层企业提供服务，例如中国移动、中国联通和中国电信三大运营商。第二类是应用层网信企业，提供互联网软件及配套服务。它在整体网络建构的基础上为终端层提供衍生服务，例如微软和IBM等软件企业等。第三类是终端层网信企业，通过互联网平台提供服务。它是基础层和应用层的主要市场，直接与消费者相连。不同类型的网信企业进入非洲市场具有各自的特色与模式，因而需要采取渐进式非洲大陆自贸区市场进入策略。首先，夯实互联网基础设施建设，为网信企业进入非洲提供强有力的硬件保障。其次，网信企业自身提升创新发展能力，研发并掌握核心技术并不断挖掘高水平人才，承担起网信企业进入非洲市场"助推器"角色。最后，依托现有跨国跨境电子商务销售平台等数字经济平台，拓展数字经济领域市场。

一 基础层网信企业战略定位：夯实互联网基础设施建设

世界银行相关数据显示，非洲需要投资 1000 亿美元才能够在 2030 年实现全面的宽带连接。非洲预计在整个区域建立 25 万个新的 4G 基站和铺设 25 万千米新光纤，以及安装系列卫星、WiFi 等。中国基础层网信企业应加大对非洲互联网基础设施的建设力度，助力建设"数字非洲"。非洲各国在互联网、数字经济建设方面的热情高涨并且拥有较大的市场潜力。但是互联网基础设施建设薄弱、通信技术成本高等问题严重阻碍了数字化经济发展进程，非洲国家在互联网技术的开发与使用层面与全球其他地区相比存在数字鸿沟与数字壁垒。2021 年，非洲大陆移动网络覆盖率为 82%（世界平均水平为 95%），[1] 互联网基础设施建设的差距直接导致了数字技术鸿沟进而影响经济的协调发展，因而非洲国家对网信基础设施建设的需求量日益增加。中国网信企业（特别是基础层网信企业）应当考虑积极参与数字丝绸之路建设，加强与非洲国家和地区的互联网基础设施建设互联互通，致力于打造高质量、可持续、抗风险、价格合理、包容可及的基础设施，这将大大促进中国和非洲各国充分发挥自身资源优势，能够更好地融入全球供应链、产业链、价值链，实现联动互通。

近几年来，中国对非洲互联网基础设施建设援助与支持成效明显。中国帮助南非建成非洲地区第一个 5G 独立商用网络，帮助塞内加尔建设国家数据中心，在阿里巴巴公司倡议下建立的世界电子贸易平台让非洲商品成功进入中国市场，等等。

非洲互联网渗透率日益提高。国际电信联盟（ITU）数据显示，撒哈拉以南非洲互联网使用率从 2010 年的 7% 提高到 2018 年的 25%，每百万人拥有的服务器数量从 2010 年的 3.6 台增加到 2018 年的 760.4 台。互联网渗透率的提高促进了非洲数字经济转型。同时移动通信的快速发展也

---

[1] 朴英姬：《非洲大陆自由贸易区建设的制约因素与策略要点》，《学术探索》2022 年第 4 期。

在积极助力非洲数字经济的增长。移动通信的普及助推数字经济发展，根据全球移动通信协会（GSMA）的数据，截至2018年年末，撒哈拉以南非洲移动通信用户数达4.56亿，占人口总数的44%，预计到2025年移动互联网用户规模将突破6亿。移动通信的发展离不开终端设备的爆发式增长，国际数据公司（IDC）测算，2018年非洲智能手机出货量达到8820万台。①

此外，非洲大陆自由贸易区的建立使得各国更加重视数字经济发展，中国提出"中非数字创新伙伴计划"，中国网信企业应当抓住机遇制定科学战略，帮助非洲进行互联网基础设施建设，发展数字平台经济。非洲各国已经认识到数字经济在经济发展进程中的重要地位，逐步加大对互联网基础设施建设的投入，此阶段找准时机进入非洲市场将大有可为。

二 应用层网信企业战略定位：强化技术研发与人才开发

目前非股权式的跨国市场进入模式主要有技术授权、管理合同、生产合同、合同销售等形式，不涉及资金投入或投入很少，大大降低了投资风险，为网信企业产品打入东道国市场提供了一条行之有效的道路，不仅能提高国际收益，还可以推广网信技术和管理经验的使用，为中国网信企业对外直接投资打下坚实基础。中国网信企业应当发挥企业自身在技术创新中的主体作用。全球信息技术革命持续演进，信息化进入全面渗透、跨界融合、加速创新、引领发展的新阶段。虽然中国信息化、工业化深度融合水平正逐步提高，但核心网信技术研发和自主创新能力仍待加强。要实现融合创新、转型发展，应加快推动互联网、大数据、人工智能等新一代信息技术和实体经济深度融合，激发全社会的创新活力和创造潜力，应以企业为主体，坚持政产学研用相结合，完善创新体系、增强创新能力，充分发挥信息技术在产业转型升级中的作用，推动生产方式和发展模式变革，全面提升信息化整体效能。习总书记曾指出，

---

① 肖宇、王婷：《非洲大陆自贸区协定生效对中非经贸合作的机遇与挑战》，《国际贸易》2021年第12期。

第四章　中国网信企业走进非洲大陆自由贸易区的战略定位与策略建议

"要发挥企业在技术创新中的主体作用，使企业成为创新要素集成、科技成果转化的生力军"。① 中国创新主体与模式正日渐多元化，但企业始终被视为最重要的创新主体之一。其一，企业是市场中具有高度灵敏性的主体，其对供求关系及变化的感知常常走在其他主体之前，能及时根据市场新需求实现创新性的供给。其二，企业的数量庞大。众人拾柴火焰高，加之有市场竞争这一"燃油"作为助燃剂，企业的创新数量与质量都具有极大的发展空间。从整体经济生活角度来看，一个企业的积累是无法支撑一个行业乃至一个国家实现创新的。为更好地发挥企业在技术创新中的主体作用，政府应首先发挥引导作用。要明确网信事业的大方向，指明技术攻关对象，以新一代信息技术为重点，超前布局前沿技术研究，瞄准产业发展制高点，选择人工智能、5G 移动通信、虚拟现实、大数据、云计算、物联网等领域中一批代表网信产业发展方向的前沿关键技术开展联合攻关，积极引导打造新一代网信技术发展新优势。同时，政府要积极调动企业及社会各方资源加大对网信领域技术创新的投入力度，集中力量和资源突破核心关键技术，推进核心技术成果转化和产业化，使网信技术及企业具备更强的后发优势和可持续发展能力。

强化人才支撑，完善人才培养平台。在良好的大环境下，要完善人才培养的平台和渠道。市场竞争越发激烈，但人才总是相对稀缺的，如何挖掘人才、科学利用与管理人才、发挥人才优势变得越发重要。首先，政府可整合各部门、企业、社会相关中介机构等力量，共同搭建人才培养与交流的平台。拓宽人才引进的渠道，推行公平的，不唯学历、不唯资历、不唯年龄的竞争机制。其次，政府积极推进与高校或科研机构的合作，在高校、科研院所、重点骨干企业建设一批网信人才基地，鼓励企业与高校开展战略合作，培养网信事业急需的科研人员、技术人才与复合型人才，打造符合网信企业国际化发展需要的专业技术人才队伍。还可以通过委托课题等方式，强化高校对口专业的建设，鼓励高校培养对口人才投入网信产业等新兴产业及支柱产业。政府推动企业与高校对口专业对接，建立人才与技术上的互惠合作。合力推进政企校多方协同，

---

① 习近平：《论把握新发展阶段、贯彻新发展理念、构建新发展格局》，人民出版社 2021 年版。

努力建设产教深度融合的新型应用型高校,更好地服务经济社会高质量发展。最后,在国际范围内寻找优秀人才,鼓励共建"一带一路"合作国家高校共同培养网信人才。成立"一带一路"网信研究项目,共同制订网信人才培养计划,定向培养企业服务、汽车交通、电子商务、金融科技和文娱媒体等领域的网信人才,也可实施海外机构人员的"本地化策略",跨国跨专业培养,实现人才的均衡发展,为网信企业国际化提供原动力。

完善信息化人才评价激励机制和服务保障体系。相关激励机制要下沉,将物质层面与精神层面激励相结合,从不同渠道研究建立科学合理的网信人才激励措施体系。物质层面除了薪酬激励,还可从帮助网信人才增加工作机会及晋升途径、提供更优质工作机会等方面着手。例如,可以考虑设置专门针对网信从业人员的职称序列;开展针对网信工作岗位能力的要求或网信从业人员角色分类与能力要求等相关标准的编研工作,并推动国家标准或行业标准立项;研究网信从业能力的评价方法,并建立与评价结论相对应的培训体系;为用人单位选才用人和从业人员提高个人能力提供有力支撑;等等。在精神激励方面,政府可以利用其自身的宣传优势与动员能力,增强对网信人才的宣传与表彰,形成良好的社会氛围,使社会意识到网信人才的重要性。中国为了充分体现科技人员的劳动价值,设立了国家最高科学技术奖、国家自然科学奖、国家技术发明奖、国家科学技术进步奖等奖项。这些奖项不但向全社会宣告了中国对创造性劳动的尊重,而且能调动各行各业人才的积极性与创造性。政府也可参考通过设立奖项等方式(例如在评选五一劳动奖章或劳模时为网信从业人员设立专门的推荐渠道等)吸引社会关注并形成良好的舆论环境,增强网信人才的自我价值实现感。

加强网信人才的国际交流。同时兼顾"引进来"与"走出去"的国际交流原则,在网信人才领域亦可适用。当前,中国以不断提高的综合国力和所具备的庞大市场潜力,日渐成为国际人才的青睐之地。中国应及时抓住机遇,在进行网信人才资源调查后,制订国际人才引进计划,根据需要拓宽渠道,发挥国内外正式组织与非正式组织的多样化作用,引进国际高层次人才。与此同时,要树立人才方面的国家安全意识。加强研究人才竞争与变化的新趋势,提高应变能力,确保引进工作持续健康发展。考虑到国际人才受时间、空间、语言、文化等因素影响，对中国现状了解甚少，与国内网信企业接触机会也很少，不利于他们下决心来华工作。对此，有关部门可推行相关措施以增强海外人才的信心。例如，为通过海外人才认证的人员提供资助经费，承办或资助国内外网信行业的交流活动，强化国内外人才的相互了解与合作意愿，等等。除了吸引外籍人才来华，中国留学人员也是重要的人才资源。留学人员与外籍人才相比，减少了语言不通、生活习惯不适应、社会融入较慢等众多不利因素影响，甚至有情感因素帮助推动他们的归国意愿。而且留学人员大多年龄不大，成长发展空间巨大，是中国人才储备与人力资源的重要组成部分。对于他们，政府在提供如税收等优惠政策及资金支持外，可为留学人员搭建如网信创业园等相关平台，整合政府与社会力量提供孵化基地等硬件设施支持和创业咨询等服务支持，以凝聚留学归国人才，为他们在国内网信事业的起步提供必要的支持。在"引进来"的同时，要鼓励国内的网信人才"走出去"，培养适应国际竞争的网信人才。网信人才的国际化首先体现在观念上，要致力于培养具有开放态度和全球化视野的国内网信人才，引导其树立站在全球高度思考问题的意识。其次，在网信人才的培养方式与手段上要不断创新。网信行业国际竞争激烈，形势瞬息万变，要求企业及其人才需具备国际化的知识和能力储备。出国学习是让人才有机会直接接触国际市场、了解国际网信技术的最快速途径之一。政府可为有意愿出国学习的网信人才提供相应的信息咨询、培训等服务，甚至资助高层次人才完成进修。最后，当今各行各业的人才培养都深受信息技术的影响，远程课堂的应用使培养方式发生了深刻改变。因此，购买引进网信行业的国际先进培养课程及资源，可能成为一种更为经济的培养手段。加之全球疫情阴霾尚未褪去，如何更好地发挥互联网技术及内容在人才培养上的作用，将是政府与网信全行业未来共同着力之处。

三 终端层网信企业战略定位：依托数字经济平台开拓非洲市场

非洲各国已逐步达成共识，互联网技术、数字经济已经成为推动非洲经济快速发展的重要驱动器。2018年世界银行提出非洲数字经济倡议，号召全球范围内共同助力非洲建设，在 2030 年实现数字经济覆盖整个非洲的美好愿景。非洲各国响应号召制定数字化经济发展战略，依托数字经济平台的新经济发展形式在非洲逐步发展。

三大热点领域逐渐实现数字化发展。电子商务层面，非洲本土电商 Jumia 于 2019 年 4 月在美国纽交所上市，这引发了国际资本对非洲电商行业的关注，募集资金总额高达 2 亿美元。然而，非洲实体销售行业发展与非洲居民消费能力增强不相适应，当下的非洲销售行业已经无法满足民众的消费需求。电子商务等数字经济平台的兴起扩大了非洲民众的消费面，在线购物逐渐成为受非洲民众欢迎的重要消费模式。据麦肯锡预测，未来 10 年非洲电商年均增速可望达到 40%，2025 年电商在非洲主要市场零售总额的占比为 10%，规模达到 3000 亿美元。波士顿咨询报告称，到 2025 年电商领域将为非洲带来约 300 万个新增就业岗位。在移动支付方面，移动支付应用的出现缓解了非洲金融服务业发展较落后的现状。非洲长期以来基础设施落后、金融服务业发展水平较低，这为移动支付在非洲应用创造了发展空间。国际货币基金组织（IMF）报告显示，撒哈拉以南非洲地区居民使用银行账户进行交易的比例较低，人均拥有银行账户比例仅为 20%，远低于全球平均水平，但其人均拥有移动支付账户比例接近 25%，移动支付交易总额占 GDP 的比例达 20%，移动支付业务的覆盖率及活跃用户比例均远高于其他地区水平。全球移动通信系统协会（GSMA）数据显示，2017 年全球每日移动支付交易额为 10 亿美元，全球有 6.9 亿移动支付注册用户，而撒哈拉以南非洲移动支付用户占全球比重达 49.1%，系列数据表明非洲居民已成为在全球移动支付市场中不可忽视的重要客户群体。[①] 移动支付在非洲的广泛应用为电子商务、数字经济平台提供了稳定的基础交易模式，有效改善了非洲地区营商环境。在出行服务方面，非洲经济进入快车道，跨境商业活动频率大幅增加，非洲相对落后的公共交通系统无法满足经济贸易往来的需求。出行需求不断增长，为终端型网信企业进入非洲市场创造了有利条件。2013 年 8 月，优步（UBER）在南非约翰内斯堡正式投入运营，至今其业务已拓展至肯尼亚、尼日利亚、埃及等 8 个国家，月均活跃用户量达 270 万。欧洲网约车公

---

① 黄云卿、沈子奕：《非洲数字经济浪潮将至》，《中国投资》（中英文）2020 年第 I4 期。

司 Bolt、肯尼亚 Little 公司等提供出行类服务公司近年来正通过扩大受众群体覆盖、提供多元化个性化服务等方式加速进入非洲市场并不断创新其战略布局。数字化出行已经成为非洲民众选择出行交通工具的主要方式,伴随着的是物流贸易、交通运输及旅游业等行业的逐步变革。

数据显示,非洲地区八成左右的互联网基础设施建设由中国公司融资建设。作为中国数字经济和电子商务发展的领军企业,阿里巴巴集团将具备其自身优势的进出口电商平台业务带到非洲,在非洲地区积极推进世界电子贸易平台建设,目的是通过公私合作,共建数字时代的全球化商业基础设施,孵化出贸易新规则。数字平台经济赋予中非经贸合作新内涵,非洲数字经济逐步发展将有利于促进中非优势互补、资源共享。中非双边合作领域进一步拓宽,更高水平的合作共赢得以实现。

第二节 中国网信企业走进非洲大陆自由贸易区政府层面策略建议

一 加强中非政府间战略对接和规划合作

非洲联盟为充分利用非洲大陆自由贸易区的经济规则发展经济,其对于与非洲大陆自由贸易区协定相契合的国家战略和行动计划的制定具有明确要求。中国政府应当深化与非洲联盟、区域组织和非洲国家的战略对接与规划合作,逐步明确中非合作建设的优先战略层面、重点合作项目,加强中非间数字经济领域合作发展,探寻合作发展的新思路和新路径。不断提升数字经济规模水平,推进中国网信企业与非洲地区经济合作全面发展。具体来说,中国与非洲双方政府以中非合作论坛为基础框架,加强顶层设计,布局双方数字经济合作,可通过举办中非经济合作高峰论坛、人才互通交流、政策制定借鉴等方式。同时,政府要依托国家相关的政策、平台优势,积极与非洲国家加强有关投资合作条约的签订,为企业与非洲国家商贸合作创造便利优惠条件。此外,政府应加强顶层设计与统筹规划,制定网信企业投资非洲市场相关策略。同时加快网信企业对非投资服务平台建设,在制定政策的基础上通过各类平台帮助网信企业与非洲各国之间加强沟通与合作。建立健全网信企业对外投资资格审查制度，对投资非洲企业进行严格的评价与审查，维护企业形象。

二 积极参与数字经济国际规则制定

在数字贸易国际规则标准制定方面中非应当积极参与，尤其是在数据跨境自由流动、市场准入、隐私保护、消费者权益维护、知识产权保护、争端解决机制等方面尚需进一步完善。积极参与国际规则制定，能够有效防范西方资本主义国家利用数字优势对中国企业设置贸易壁垒和数字治理陷阱。扩大中国的国际话语权和规则制定权，建立非洲与中国双向互认标准，并在此基础上推动"中国标准"的国际化认证，从而实现"标准带动产品，产品促进标准"的良性循环，应破除非洲大陆国家数据贸易壁垒，加快建立以人类整体利益为中心的数字治理规则体系，推动中非数字开放合作，积极发挥政府的监管、指导作用，在宏观治理层面加强规划。从价值、规则框架出发，共同构建中非利益共同体、命运共同体和责任共同体，以有效应对西方国家对"一带一路"倡议的破坏与制衡。

三 加强政府投资指导保障作用

为加强政府投资指导保障作用，政府首先应对国际规则和非洲国家法律制度进行梳理，定期发布合作投资指南，为中国网信企业投资非洲国家提供方向。第二，对外投资在政府主管部门方面涉及商务厅、工信厅、发改委、科技厅和外汇管理局等多个部门，为了形成高效、协同的工作运作机制，必须加强对各地区的战略、规划、标准及重大网信国际化项目的协调，合理布局，实现差异化发展。各部门要按照职责分工，分解细化任务，加强协调配合，确保各项任务落地实施。第三，风险防范需以风险评估为前提。为有效防范网信企业投资非洲面临的风险，要以政府为主导，建立相应的风险评估体系。设立专门负责推进"网信企业走进非洲"的组织机构，定期发布风险分析报告。此外，政府要通过奖励、减税等政策鼓励国内律师事务所、会计事务所等专业服务机构积极拓展海外业务，拓宽本国投资者的救济途径。第四，政府要加大对中非合作项目的保险支持，发挥保险机制的作用。在合作过程中要充分借助互联网，有机整合政府、企业、行业协会等信息资源，以搭建中国与非洲合作的综合信息共享服务平台，为企业提供全面、及时、准确的非洲国家产业政策、市场需求及项目合作等共享信息。第五，加强中国网信企业知识产权国际保护。技术创新来自知识的支撑，在知识经济时代背景下，知识已经成为极其重要的生产要素。对于网信企业这类高技术企业而言，更要持续革新知识，从而攻关新技术。然而，在网信企业国际化进程中知识产权保护问题日渐突出，具体包括专利、商标侵权诉讼、技术壁垒等问题。当前大部分国际规则主要是在发达国家的主导下制定的，在利益分配上发展中国家相对不占优势。中国作为最大的发展中国家，要在履行国际义务的基础上主动参与知识产权保护国际规则的制定和修改，提升中国在知识产权制定与监督执行等领域的话语权与国际影响力，为维护中国企业在国际化经营活动中的合法权益提供坚实保障。

四 健全供需对接框架与合作共赢机制

供需对接框架与合作共赢机制的健全首先要求中非制定一体化合作议程，将非洲国家通信系统网络基础设施与铁路、公路、桥梁、水坝等相结合，实现网络与常规基础设施的协调发展。其次，双方应在信息基础设施开发、电信技术进步和数字技能培训等重要领域扩大合作。中国政府可通过创新筹资方式增强对非洲基础设施建设的援助力度，如扩大混合发展筹资或三方发展筹资，实现融资筹资渠道多元化，合力支持非洲大型基础设施建设。同时双方需要协调需求，为非洲数字基础设施的发展制定具体的时间表和路线图。拓宽宽带服务，激发非洲中下阶层的网络购物行为模式，支持物流、支付、清关和数据的实施，从而建立跨境网络。中国与非盟共建"一带一路"合作规划背景下，助力非洲国家完善云计算、大数据、金融支付等数字经济基础设施。推进华为、中兴和云步等企业进入非洲移动电话、社交媒体和电子商务领域，推动5G、人工智能、区块链等技术在非洲的应用与发展，帮助非洲弥补数字经济发展鸿沟，共享数字经济发展带来的红利。

五 建立健全中非合作法律机制

中非经贸合作不断深化需要强有力的法律体系提供保障。首先，中国政府与非洲相关部门应从国际法角度出发，助力非洲国家逐步完善法律监管机制，围绕法律外交、条约保护、风险防控、争议解决以及领事保护等积极签署双边法律文件，构建系统科学的中非经贸合作法律保障体系。其次，积极与尚未配备双边法律文件的非洲国家进行协商谈判，推动签署双边投资协定、双边税收协定、双边民商司法互助协定等文件。在此基础上，逐步根据非洲各国实际助力非洲探索相应的治理路径。非洲各国需及时建立完善的监管体制和法律治理框架，中非双方从共建命运共同体的长远利益出发，建立健全相关法律法规，有效引导数字经济健康有序发展，减少新兴经济业态产生的治理困境。最后，在政府层面建立中非合作的法律保障机制与对话平台，建立健全中非贸易争端解决仲裁机制，为双方在遇到问题时提供司法救济路径，构建开放、公平、非歧视的网信企业进入环境。

第三节 中国网信企业走进非洲大陆自由贸易区企业层面策略建议

一 加强中非网信产业领域合作

网信企业应加强网信产业之间的联合，支持网信产业上下游产业链抱团对外投资。以网信企业三分类为核心，从网络基础建设到互联网硬件、软件制造，再到互联网终端应用，实现产业链上下游企业协同发展，减少生产成本。在深入非洲国家网信市场的同时，中国网信企业还应以投资、建设、经营一体化的模式来参与并且帮助非洲国家进行网信领域基础设施的建设，帮助非洲国家孕育本土的网信企业，帮助培育网信产业的本地人才，在完善产业链的过程中营造良好的市场环境和营商环境。一方面，网信企业应将投资重点放在网信市场环境相对较差的国家，通过加大投资力度、相互借力、共享资源，推动基础层网信企业融入全球

第四章　中国网信企业走进非洲大陆自由贸易区的战略定位与策略建议

供应链，在全球范围内进行生产、采购和销售，降低成本，提高生产率，实现多方共赢，从而间接促进应用层和终端层网信企业的国际化进程。另一方面，对于网信市场环境较完善的非洲国家，中国网信企业可以通过许可经营、合同制造、管理合同、技术合同、服务合同等方式，保持技术和服务的领先优势，扩展非洲大陆网信市场，以提升中国网信企业的国际化水平。网信市场环境较好的国家在互联网信息化技术应用等方面有一定的优势。其一，推动技术创新，对接非洲数字领域的发展需求，持续推进发展成本低、效益高、具有运营前景的数字技术，帮助非洲国家共享数字发展红利。其二，强化中非数字安全领域的沟通。一方面确保数据安全存储和传输；另一方面提升区域网络安全级别，并将其作为中非网信合作的关键举措。

二　制定科学合理的战略规划

网信企业在进入非洲市场前应当切实把握非洲的社会环境，应选择适应当地环境的战略。深度调研所在国家与地区可能存在的潜在风险，充分了解企业内部管理合规和项目建设运营，关注当地政府政策、社会动态、社会治安、劳工权益及环境保护等公共安全存在的风险。网信企业根据所在地区情况构建符合自身发展的风险管理体系，包含风险评估、预警和应急处理。培养企业风险管理文化，让"思则有备，有备无患"牢牢根植于员工意识当中。中国网信企业在制定战略规划以及市场进入机制时，可借鉴"中非数字创新伙伴计划"、"一带一路"倡议、非盟《2063年议程》相关部署安排，积极探索市场进入以及常态化合作机制，为中非经济合作稳步发展奠定前期基础。

三　注重自身知识产权保护

知识产权保护首先要强化海外知识产权信息的检索与分析。了解、熟悉海外有关知识产权的法律、政策和实际保护情况是进行风险防控的前提与基础。第一，要了解本行业以及与本行业有关的知识产权在非洲大陆国家的分布状况，预防侵权诉讼风险。第二，要及时抓住申请知识产权的时机。第三，要熟悉投资国家的法律、政策规定，在不违反法律法规的情况下投资经营。第四，通过定期与已在非洲国家投资的企业进行交流，对投资当地执法与司法保护情况形成基本认识，并吸取经验教训。其次，要提高自主知识产权水平。21世纪以来，虽然中国在诸多领域取得了突破，但中国科研工作者仍然需要清醒地认识到，在某些关键领域依旧存在"卡脖子"的情况，影响行业发展与国计民生。贸易壁垒等披着"合法"外衣的不合理障碍，一般存在于法律规定模糊的"灰色地带"，应诉在这些方面产生的争端，会耗费大量的时间。除却以美国为首的奉行贸易保护主义的国家因素外，事实上对外投资取得较大成功的企业，都是不断提升创新能力、拥有较高自主知识产权的企业。因此，企业要紧跟时代发展需求，在专业领域加紧精细研究，提高自主创新能力，加快攻克重要领域"卡脖子"技术。最后，重视海外知识产权布局。根据联合国世界知识产权组织发布的《技术趋势（2019）：人工智能》报告，与其他国家比，目前中国人工智能企业申请的专利中有90%以上都是国内专利，这为中国AI企业进行全球竞争埋下了隐忧。[①] 可见，中国仍需要增加在国外的专利申请数量。在国外申请专利前应当注意以下几点。第一，根据所要申请的知识产权的特点，就数量、时间和地点进行全方位、多领域、有战略的布局。第二，在进行自身知识产权战略布局的同时，也要积极关注竞争对手的布局情况，针对竞争对手遗漏的领域、地域进行扩展。第三，进行知识产权专业人才和翻译人才的海外布局，在面对海外投资风险时能够及时获得人才援助，顺利解决纠纷。丰富的海外知识产权布局在一定程度上能够为中国企业应对纠纷带来底气，国家形成全球知识产权保护链，这对企业继续申请知识产权保护具有一定帮助。在应对海外纠纷时，知识产权数量越多，越有利于在争议较大的案件中胜诉。因此，中国企业一定要加快申请知识产权的速度，并增加申请授权的数量，积极开展战略性的海外知识产权布局。

---

① 《联合国AI技术趋势报告出炉：对中国AI发展有哪些启示？》，2019年2月18日，浙江经信，https://mp.weixin.qq.com/s/4yvrWMjyfn9nERbpXbu7Bg。

四 积极采取风险防范措施

中国网信企业进入非洲大陆自由贸易区市场面临各种风险，采取有效的风险管理与应对措施能够有效防范风险和减少损失，常见的风险应对措施有风险回避、风险控制、风险预警、风险转移、风险组合以及风险自留。对于网信企业自身而言，要在投资前充分了解东道国的法律环境，提升政治敏锐度，加强风险预警能力，对可能遇到的风险投保并制定预警和应对策略，一旦遇到不可控的风险因素应立即采取措施有效回避。另外，要在企业内部建立海外投资法律风险防范机构，建立一套科学有效的国际化经营风险管理预警机制，加强预警监测，让风险消失在萌芽阶段。同时，企业自身还需加大技术投入，保证产品与工程质量，重视本土化战略，切实履行社会责任。此外，网信企业应积极与一些发达国家大型跨国企业以共同开发研究、互相渗透参股等方式结成国际性战略联盟，或有选择地参加一些可实现优势互补的跨国企业联盟，使网信企业能在更高层次上增强风险防范的实力。

五 注重企业海外形象的树立

中国网信企业应树立"走出去"发展理念，顺势而为，因势利导，依靠打造国际品牌产品与拓展国际业务来站稳脚跟，在发展生产的同时积极寻求行业协会的支持与认可，建立健全网信企业的产品服务评价体系，增强品牌意识，切实提高产品与服务的竞争力，扩大在非市场份额。同时，网信企业应当把其海外形象建设作为国际化发展的一项战略任务，明确战略目标应当要在合作中积极履行社会责任，如注重对当地环境的保护等，以促进非洲的良性发展。中国网信企业应积极探索挖掘与培养人才的路径，开展规模化培训和领导力技能提升，为当地培养适应数字经济发展的商业领袖。与此同时，在合作过程中拓展企业海外形象建设的传播渠道，充分利用新媒体、互联网、自媒体等工具，加强对企业海外形象的维护和实力的宣传，充分发挥品牌效应。重视企业海外形象建设的危机公关和监测处置工作，及时回应和处理负面舆论，加强非洲人民中国网信企业的认同。企业在当地履行社会责任，严格遵守行业规则，树立良好的企业海外形象。

中国网信企业走进非洲大陆自由贸易区具有国家层面规划、现实坚实基础以及前期积累经验的支撑。《"十四五"国家信息化规划》提出，要适度部署下一代智能设施体系，畅通网信企业融资渠道，致力于打造具有国际竞争力的数字产业集群。非洲大陆自由贸易区建立将为中国网信企业提供区域贸易市场环境，"一带一路"建设以及"丝路电商"模式将加快网信企业国际化进程。

主要参考文献

一 中文文献

崔鸽:《论外贸企业商业秘密泄露的风险防范制度》,《河南师范大学学报》(哲学社会科学版) 2014 年第 1 期。

风笑天:《社会科学研究方法》(第五版),中国人民大学出版社 2018 年版。

韩晓涵:《卡巴斯基安全公告:卡巴斯基 2018 威胁预测》,《信息安全与通信保密》2018 年第 3 期。

黄玉沛:《中非共建"数字丝绸之路":机遇、挑战与路径选择》,《国际问题研究》2019 年第 4 期。

黄云卿、沈子奕:《非洲数字经济浪潮将至》,《中国投资》(中英文) 2020 年第 9 期。

惠婷婷等:《浅析专家打分法用于清河流域水环境管理能力提高效果评估的可行性》,《农业与技术》2016 年第 9 期。

姜奇平:《如何合理制定全球数字治理规则》,《互联网周刊》2021 年第 15 期。

[美] 克里斯托弗·A. 巴特利特、[美] 苏曼特·高沙尔:《跨边界管理——中国公司经营决策》,马野青等译,人民邮电出版社 2003 年版。

孔新川、吴结兵:《企业国际化理论述评》,《企业经济》2002 年第 8 期。

李林、支振锋主编:《中国网络法治发展报告 (2019)》,社会科学文献出版社 2020 年版。

李一丹、王超:《互联网对"一带一路"沿线区域经济增长的影响研究》,《商业经济研究》2019 年第 5 期。

李玉璧、王兰:《"一带一路"建设中的法律风险识别及应对策略》,《国家行政学院学报》2017 年第 2 期。

林发勤、王蕊：《非洲大陆自贸区新机遇》，《进出口经理人》2019 年第 12 期。

卢海君、王飞：《"走出去"企业知识产权风险研究》，《南京理工大学学报》（社会科学版）2014 年第 2 期。

鲁桐：《中国企业海外经营：对英国中资企业的实证研究》，《世界经济》2000 年第 4 期。

罗会钧、黄春景：《中国企业对非洲投资的政治风险管理》，《云南财经大学学报》2009 年第 4 期。

马汉智：《迎难而上——非洲大陆自由贸易区启动》，《世界知识》2021 年第 1 期。

欧亚系统科学研究会·非洲研究小组：《新冠疫情对中非经贸合作的可能影响》，《非洲热点观察》2020 年第 2 期。

朴英姬：《非洲产业数字化转型的特点、问题与战略选择》，《西亚非洲》2022 年第 3 期。

朴英姬：《非洲大陆自由贸易区建设的制约因素与策略要点》，《学术探索》2022 年第 4 期。

朴英姬：《非洲大陆自由贸易区：进展、效应与推进路径》，《西亚非洲》2020 年第 3 期。

乔宇：《中国互联网品牌国际化的劣势与机遇》，《华东经济管理》2016 年第 6 期。

舒运国：《泛非主义与非洲一体化》，《世界历史》2014 年第 2 期。

舒运国：《非洲经济一体化五十年》，《西亚非洲》2013 年第 1 期。

孙南翔：《"逆全球化"背景下中国高新技术企业海外投资的风险与应对》，《重庆理工大学学报》（社会科学版）2020 年第 11 期。

孙志娜：《非洲内部贸易及对中国的外贸政策启示》，《国际经贸探索》2014 年第 3 期。

田伊霖：《建设非洲大陆自贸区的机遇与挑战》，《中国外资》2018 年第 7 期。

温芽清、南振兴：《国际贸易中知识产权壁垒的识别》，《国际经贸探索》2010 年第 4 期。

夏正荣等编著：《跨国营销概论》，世界图书出版公司1998年版。

项保华、李庆华：《企业战略理论综述》，《经济学动态》2000年第7期。

肖宇、王婷：《非洲大陆自贸区协定生效对中非经贸合作的机遇与挑战》，《国际贸易》2021年第12期。

徐二明、王智慧：《企业战略管理理论的发展与流派》，《首都经济贸易大学学报》1999年第1期。

徐明霞：《制度理论视角下企业国际化优势诠释》，《现代商贸工业》2016年第37期。

徐艳：《知识产权壁垒对我国高新技术产品出口的影响研究》，《改革与战略》2015年第5期。

于培伟：《中非贸易前途无量——中非贸易半个多世纪的发展回顾与展望》，《经济研究参考》2006年第96期。

余乐芬：《美国"337调查"历史及中国遭遇知识产权壁垒原因分析》，《宏观经济研究》2011年第7期。

云娟娟：《非洲支点》，《中国服饰》2019年第5期。

曾五一、黄炳艺：《调查问卷的可信度和有效度分析》，《统计与信息论坛》2005年第6期。

张方华、陈劲：《基于能力的国际化战略》，《科学管理研究》2003年第1期。

张华容：《对企业国际化理论的反思及其价值认识》，《中南财经政法大学学报》2006年第1期。

张珞平等：《多维决策法：一种新的战略决策方法》，《战略决策研究》2014年第1期。

张欣：《"一带一路"背景下中国企业的跨文化管理研究》，《经济研究导刊》2019年第18期。

赵曙明等：《企业国际化的条件、路径、模式及其启示》，《科学学与科学技术管理》2010年第1期。

朱广新：《美国惩罚性赔偿制度探究》，《比较法研究》2022年第3期。

朱伟东：《〈非洲大陆自贸区协定〉的背景、挑战及意义》，《河北法学》2020年第10期。

朱伟东、王婷：《非洲区域经济组织成员身份重叠现象与消解路径》，《西亚非洲》2020 年第 1 期。

朱悠然、蔡宏波：《全球自贸区发展与中国自贸区建设》，《国际经济合作》2016 年第 1 期。

二 英文文献

A. Keen, "The Internet is Not the Answer", *Atlantic Books*, Vol. 25, No. 3, October, 2016.

A. Safari, A. S. Saleh, "Key Determinants of SMEs' Export Performance: A Resource-based View and Contingency Theory Approach Using Potential Mediators", *Journal of Business & Industrial Marketing*, Vol. 35, No. 4, February, 2000.

Abdalla Bujra, "Pan-African Political and Economic Visions of Development", *DPMF Occasional Paper*, Vol. 1, No. 1, January, 2004.

M. Annavarjula, S. Beldona, "Multinationality-performance Relationship: A Review and Reconceptualization", *International Journal of Organizational Analysi*, Vol. 8, No. 1, January, 2000.

D. C. North, *Understanding the Process of Economic Change*, Princeton: NJ, Princeton University Press, 2005.

J. Paul Dimaggio, W. Powell Water, "The Iron Cage Revisited: Institutional Isomorphism and Collective Rationality in Organizational Fields", *Journal of International Business Studies*, Vol. 39, No. 2, July, 2008.

E. R. Feldman, "Corporate Strategy: Past, Present, and Future", *Strategic Management Review*, Vol. 1, No. 1, March, 2020.

F. Morais, J. J. Ferreira, "SME Internationalisation Process: Key Issues and Contributions, Existing Gaps and the Future Research Agenda", *European Management Journal*, Vol. 38, No. 1, February, 2020.

Forns Trompenaars, "Riding the Waves of Culture, Understanding Culture Diversity in Business", London: *Nichoolas B-realey Publishing*, Vol. 3, No. 3, May, 1993.

J. A. Annema, N. Mouter, J. Razaei, "Cost-benefit Analysis (CBA), or Multi-criteria Decision-making (MCDM) or Both: Politicians' Perspective in Transport Policy Appraisal", *Transportation Research Procedia*, Vol. 10, No. 4, December, 2015.

J. C. de Correia Ricardo, Jorge Lengler, Asad Mohsin, "Entrepreneurial Approaches to the Internationalisation of Portugal's Hotel Industry", *International Journal of Contemporary Hospitality Management*, Vol. 31, No. 3, February, 2019.

J. Johanson, J. E. Vahlne, "The Internationalization Process of the Firm: A Model Knowledge Development and Increasing Foreign Market Commitment", *Journal International Business Studies*, Vol. 8, No. 1, March, 1977.

J. U. Sattorovich, "Intercultural Difference Parameters: Hofstede and Trompenaars Theories", *European Journal of Research and Reflection in Educational Sciences*, Vol. 8, No. 11, Janurary, 2020.

K. Sheng-Pin, P. Horng-Linn, "Knowledge Should be Owned by Quality Practitioners in the IT Age", *Journal of Traffic and Transportation Engineering*, Vol. 7, No. 1, 2019.

L. Leydesdorff, I. Rafols, "Local Emergence and Global Diffusion of Research Technologies: An Exploration of Patterns of Network Formation", *Journal of the American Society for Information Science and Technology*, Vol. 62, No. 5, March, 2011.

L. Manning, "Moving from a Compliance-based to an Integrity-based Organizational Climate in the Food Supply Chain", *Comprehensive Reviews in Food Science and Food Safety*, Vol. 19, No. 3, May, 2020.

L. Stafford, K. Kuiper, "Social Exchange Theories: Calculating the Rewards and Costs of Personal Relationships", *In Engaging Theories in Interpersonal Communication*, Vol. 13, No. 6, October, 2021.

M. Ballard, D. Favero, L. Katzarkov, "Variation of Geometric Invariant Theory Quotients and Derived Categories", *Journal für die reine und Angewandte Mathematik (Crelles Journal)*, Vol. 1, No. 4, February, 2014.

M. D. Giulio, F. N. Moro, "The Internationalization of Network Industries: A Comparative Policy Analysis of Italian Railways and Utilities", *Comparative Policy Analysis: Research and Practice*, Vol. 18, No. 1, October, 2015.

M. Das, K. Rangarajan, G. Dutta, "Corporate Sustainability in SMEs: An Asian Perspective", *Journal of Asia Business Studies*, Vol. 14, No. 1, January, 2020.

M. Irfan et al., "Critical Factors Influencing Wind Power Industry: A Diamond Model-based Study of India", *Energy Reports*, Vol. 5, No. 7, November, 2019.

M. Papanastassiou, R. Pearce, A. Zanfei, "Changing Perspectives on the Internationalization of R&D and Innovation by Multinational Enterprises: A Review of the Literature", *Journal of International Business Studies*, No. 51.

M. W. Peng et al., "An Institution-based View of International Business Strategy: a Focus on Emerging Economies", *Journal of International Business Studies*, Vol. 39, No. 5, April, 2008.

N. Y. Saigushev et al., "Information Systems at Enterprise. Design of Secure Network of Enterprise", *Journal of Physics Conference Series*, Vol. 1015, No. 4, May, 2018.

S. Shamim et al., "Connecting Big Data Management Capabilities with Employee Ambidexterity in Chinese Multinational Enterprises Through the Mediation of Big Data Value Creation at the Employee Level", *International Business Review*, Vol. 29, No. 6, December, 2020.

W. R. Scott, "Institutions and Organizations: Ideas, Interests and Identities", *Sage Publications*, Vol. 17, No. 2, September, 2013.

附　录

附录1：基于最优最劣多准则决策法的调研评分表

（调研对象：加纳网信企业相关负责人）

表1　　　四川省网信企业走进非洲大陆自由贸易区
面临机遇的评分

最优比其他向量 （BO vector）	市场需求 Market Demand （MD）	经营利润 Operating Profits （OP）	创新潜能 Innovation Potential （IP）	互联互通平台 Interconnection Platform （IC）	其他 Others （OT）
最优机遇 （Best opportunity）					
	其他比最劣向量 （OW vector）			最劣机遇 （Worst opportunity）	
市场需求 Market Demand（MD）					
经营利润 Operating Profits（OP）					
创新潜能 Innovation Potential（IP）					
互联互通平台 Interconnection Platform（IC）					
其他 Others（OT）					

表2　　　　四川省网信企业走进非洲大陆自由贸易区
面临挑战的比较评分

最优比其他向量（BO vector）	政府网络安全审查风险 Risk of Government Cyber Security Control（CS）	跨境支付风险 Risks in Cross-border Payment（CP）	技术风险 Technical Risks（TR）	社会风险 Social Risks（SR）	制度风险 Institutional Risks（IR）	法律风险 Legal Risks（LR）	市场风险 Market Risks（MR）	政治风险 Political Risks（PR）
最优风险（Best Risk）								

	其他比最劣向量（OW vector）	最劣风险（Worst Risk）
政府网络安全审查风险 Risk of Government Cyber Security Control（CS）		
跨境支付风险 Risks in Cross-border Payment（CP）		
技术风险 Technical Risks（TR）		
社会风险 Social Risks（SR）		
制度风险 Institutional Risks（IR）		
法律风险 Legal Risks（LR）		
市场风险 Market Risks（MR）		
政治风险 Political Risks（PR）		

附　录

表3　　　　　　　政府网络安全审查风险的比较评分

最优比其他向量 (BO vector)	数据安全 Data Security (DS)	信息隐私 Information Privacy (IP)	知识产权壁垒 Intellectual Property Barriers (IPB)	其他 Others (OT)
	最优主要风险 (Best Main Risk)			
	其他比最劣向量 (OW vector)		最劣风险 (Worst Risk)	
数据安全 Data Security (DS)				
信息隐私 Information Privacy (IP)				
知识产权壁垒 Intellectual Property Barriers (IPB)				
其他 Others (OT)				

表4　　　　　　　跨境支付风险的比较评分

最优比其他向量 (BO vector)	市场壁垒 Market Barriers (MB)	标准和互操作性 Standards and Interoperability (SI)	安全与监督 Safety and Supervision (SS)	其他 Others (OT)
最优主要风险 (Best Main Risk)				
	其他比最劣向量 (OW vector)		最劣风险 (Worst Risk)	
市场壁垒 Market Barriers (MB)				
标准和互操作性 Standards and Interoperability (SI)				
安全与监督 Safety and Supervision (SS)				
其他 Others (OT)				

表5 技术风险的比较评分

最优比其他向量 (BO vector)	数字基础设施鸿沟 Digital Infrastructure Divide (DD)	网络信息技术人员稀缺 Scarcity of Network Information Technicians (SN)	技术标准差异 Differences in Technical Standards (DS)	其他 Others (OT)
最优主要风险 (Best Main Risk)				
	其他比最劣向量 (OW vector)		最劣风险 (Worst Risk)	
数字基础设施鸿沟 Digital Infrastructure Divide (DD)				
网络信息技术人员稀缺 Scarcity of Network Information Technicians (SN)				
技术标准差异 Differences in Technical Standards (DS)				
其他 Others (OT)				

表6 社会风险的比较评分

最优比其他向量 (BO vector)	文化冲突 Cultural Conflict (CC)	国际舆论 International Public Opinion (PO)	语言差异 Language Differences (LD)	其他 Others (OT)
最优主要风险 (Best Main Risk)				
	其他比最劣向量 (OW vector)		最劣风险 (Worst Risk)	
文化冲突 Cultural Conflict (CC)				

续表

	其他比最劣向量 (OW vector)	最劣风险 (Worst Risk)
国际舆论 International Public Opinion (PO)		
语言差异 Language Differences (LD)		
其他 Others (OT)		

表7　　　　　　　　　制度风险的比较评分

最优比其他向量 (BO vector)	不完善的国际高标准经贸规则 Imperfect International High Standard Economic and Trade Rules (LL)	不完善的法律制度 Imperfect Legal System (LS)	不完善的争端解决机制 Imperfect Dispute Settlement Mechanism (DS)	其他 Others (OT)
最优主要风险 (Best Main Risk)				

	其他比最劣向量 (OW vector)	最劣风险 (Worst Risk)
不完善的国际高标准经贸规则 Imperfect International High Standard Economic and Trade Rules (LL)		
不完善的法律制度 Imperfect Legal System (LS)		
不完善的争端解决机制 Imperfect Dispute Settlement Mechanism (DS)		
其他 Others (OT)		

表8　　　　　　　　　　　法律风险的比较评分

最优比其他向量 （BO vector）	不完善的法律制度 Imperfect Legal System（LS）	法律文化的差异 Differences in Legal Culture（LC）	国内法律保护不足 Insufficient Domestic Legal Protection（LP）	其他 Others（OT）
最优主要风险 （Best Main Risk）				
	其他比最劣向量 （OW vector）		最劣风险 （Worst Risk）	
不完善的法律制度 Imperfect Legal System（LS）				
法律文化的差异 Differences in Legal Culture（LC）				
国内法律保护不足 Insufficient Domestic Legal Protection（LP）				
其他 Others（OT）				

表9　　　　　　　　　　　市场风险的比较评分

最优比其他向量 （BO vector）	外汇限制 Foreign Exchange Restrictions（FR）	利率波动 Interest Rate Fluctuations（IF）	本地企业的市场垄断 Market Monopoly of Local Business（MM）	其他 Others（OT）
最优主要风险 （Best Main Risk）				
	其他比最劣向量 （OW vector）		最劣风险 （Worst Risk）	
外汇限制 Foreign Exchange Restrictions（FR）				

续表

	其他比最劣向量 (OW vector)	最劣风险 (Worst Risk)
利率波动 Interest Rate Fluctuations (IF)		
本地企业的市场垄断 Market Monopoly of Local Business (MM)		
其他 Others (OT)		

表10　　　　政治风险的比较评分

最优比其他向量 (BO vector)	政治不稳定 Political Instability (PI)	东道国腐败 Corruption in the Host Country (CC)	外部力量干预 Intervention by External Forces (IE)	其他 Others (OT)
最优主要风险 (Best Main Risk)				

	其他比最劣向量 (OW vector)	最劣风险 (Worst Risk)	
政治不稳定 Political Instability (PI)			
东道国腐败 Corruption in the Host Country (CC)			
外部力量干预 Intervention by External Forces (IE)			
其他 Others (OT)			

表11　　　　　　　　中国企业自身潜在问题的比较评分表

最优比其他向量 （BO vector）	缺乏跨国商业战略 Lack of Transnational Business Strategy （BS）	轻视区域制度差异 Ignorance for Regional Institutional Differences（IR）	缺乏法律和翻译人才 Lack of Legal and Translation Talents（TT）	其他 Others（OT）
最优问题 （Best Problem）				
	其他比最劣向量 （OW vector）		最劣风险 （Worst Risk）	
缺乏跨国商业战略 Lack of Transnational Business Strategy（BS）				
轻视区域制度差异 Ignorance for Regional Institutional Differences（IR）				
缺乏法律和翻译人才 Lack of Legal and Translation Talents（TT）				
其他 Others（OT）				

表12　　　　　　　　非洲本土企业自身潜在问题的比较评分

最优比其他向量 （BO vector）	技术基础差 Poor Technical Foundation（TF）	缺乏可信度 Lack of Credibility（LC）	社会责任不足 Insufficient Social Responsibility（IS）	其他 Others（OT）
最优问题 （Best Problem）				
	其他比最劣向量 （OW vector）		最劣风险 （Worst Risk）	
技术基础差 Poor Technical Foundation（TF）				

续表

	其他比最劣向量 (OW vector)	最劣风险 (Worst Risk)
缺乏可信度 Lack of Credibility (LC)		
社会责任不足 Insufficient Social Responsibility (IS)		
其他 Others (OT)		

附录2：四川省网信企业走进非洲大陆自由贸易区的机遇与挑战调研问卷

（调研对象：Crunchbase 数据库中 48 家四川省网信企业相关负责人）

尊敬的企业相关负责人：

您好！

我们是电子科技大学西非研究中心团队，拟在相关企业开展此项调研，调研的主要内容：非洲大陆自由贸易区建立背景下，中国互联网信息化行业相关企业"走进非洲"面临的机遇与挑战等情况。本调查不涉及您的隐私信息，请根据企业的实际情况填写问卷，感谢您的支持与合作！

电子科技大学西非研究中心团队
2022 年 2 月

备注：

非洲大陆自由贸易区（AfCFTA）：指非洲 54 个成员国签署成立的自由贸易区，旨在深化非洲经济一体化，其重点行业之一为互联网信息化产业。2019 年 7 月非洲大陆自由贸易区成立，2021 年 1 月自贸区正式

附　录

启动。

网信企业：包括基础层网信企业（如互联网基础设施企业）、应用层网信企业（如互联网软件企业）、终端层网信企业（如互联网平台企业）。

【单选题】1. 您所在的企业类型

（1）基础层网信企业（如互联网基础设施企业）

（2）应用层网信企业（如互联网软件企业）

（3）终端层网信企业（如互联网平台企业）

（4）其他

【单选题】2. 您所在的企业是否有意愿投资非洲

（1）是

（2）否

【单选题】3. 您所在的企业对非投资情况

（1）一年

（2）二年

（3）三年

（4）四年及以上

（5）暂未开展

【单选题】4. 非洲大陆自由贸易区的建立是否能为企业带来机遇

（1）是

（2）否

【多选题】5. 非洲大陆自由贸易区的建立为企业带来的机遇

（1）市场需求

（2）经营利润

（3）创新潜能

（4）互联互通平台

（5）其他

【多选题】6. 企业走进非洲大陆自由贸易区，在政府网络安全审查方面存在的风险

（1）数据安全

（2）信息隐私

(3) 知识产权壁垒

(4) 其他

【多选题】7. 企业走进非洲大陆自由贸易区，在跨境支付方面存在的风险

(1) 市场壁垒

(2) 标准和互操作性

(3) 安全与监督

(4) 其他

【多选题】8. 企业走进非洲大陆自由贸易区，在技术方面存在的风险

(1) 数字基础设施鸿沟

(2) 网络信息技术人员稀缺

(3) 技术标准差异

(4) 其他

【多选题】9. 企业走进非洲大陆自由贸易区，在社会方面存在的风险

(1) 文化冲突

(2) 国际舆论

(3) 语言差异

(4) 其他

【多选题】10. 企业走进非洲大陆自由贸易区，在制度方面存在的风险

(1) 不完善的国际高标准经贸规则

(2) 不完善的法律制度

(3) 不完善的争端解决机制

(4) 其他

【多选题】11. 企业走进非洲大陆自由贸易区，在法律方面存在的风险

(1) 不完善的法律制度

(2) 法律文化的差异

(3) 国内法律保护不足

(4) 其他

【多选题】12. 企业走进非洲大陆自由贸易区，在市场方面存在的

风险

（1）外汇限制

（2）利率波动

（3）本地企业的市场垄断

（4）其他

【多选题】13. 企业走进非洲大陆自由贸易区，在政治方面存在的风险

（1）政治不稳定

（2）东道国腐败

（3）外部力量干预

（4）其他

【多选题】14. 企业走进非洲大陆自由贸易区，投资企业自身潜在问题

（1）缺乏跨国商业战略

（2）轻视区域制度差异

（3）缺乏法律和翻译人才

（4）其他

【多选题】15. 企业走进非洲大陆自由贸易区，非洲自贸区本土企业自身潜在问题

（1）技术基础差

（2）缺乏可信度

（3）社会责任不足

（4）其他

附录 3：Questionnaire for Sichuan Internet and Information Business into AfCFTA

（调研对象：加纳及肯尼亚网信企业相关负责人）

To Whom It May Concern,

    This survey is conducted by the Centerfor West African Studies (CWAS) of UESTC. This research is part of the 2020 key project of the 13th Five-Year Plan of Social Science of Sichuan Province. The project aims to highlight how Sichuan Internet Business can take the opportunity of the AfCFTA ratification. The title of the project is: *The research on Sichuan Internet and Information Business into AfCFTA: Opportunities and Challenges* (Project No.: SC20A005). No private information is to be released. All responses collected from this survey will be strictly confidential and stay anonymous. Information collected will be treated confidentially.

                                     Thank you for your support and cooperation!
                                     Research Team of CWAS of UESTC
                                                  February 2022

Notes:
    AfCFTA (African Continental Free Trade Area): refers to the free trade area signed and established by 54 African member states, aiming to deepen the

economic integration of Africa, and one of its key industries to be developed is the Internet information industry. The African Continental Free Trade Area was established in July 2019, and the Free Trade Area was officially launched in January 2021.

Internet and Information business: The project has classified the companies into three:

i. Basic layer network information business (such as Internet infrastructure business)

ii. Application layer network information business (such as Internet software business)

iii. Terminal layer network business (such as Internet platform business).

1. Type of Business 【Please Tick One】

(1) Basic layer Internet and Information business (such as Internet infrastructure business)

(2) Application layer Internet and Information business (such as Internet software business)

(3) Terminal layer Internet and Information business (such as Internet platform business)

(4) Others

2. African country (region) where your business is located in 【Fill in the blank】

3. The cooperation between your business and the Chinese Internet and Information business 【Please Tick One】

(1) One year

(2) Two years

(3) Three years

(4) Four years and above

(5) Not yet launched

4. Does your business benefit from the establishment of AfCFTA? 【Yes or No Question】

(1) yes

(2) No

5. Opportunities for business from the establishment of AfCFTA 【More than one choice allowed】

(1) Market demand

(2) Operating profits

(3) Innovation potential

(4) Interconnection platform

(5) Others

6. In your opinion, what are the risks for Chinese Internet and Information business entering AfCFTA in terms of government cybersecurity control?【More than one choice allowed】

(1) Data security

(2) Information privacy

(3) Intellectual property barriers

(4) Others

7. In your opinion, what are the risks in cross-border payment for Chinese Internet and Information business entering AfCFTA?【More than one choice allowed】

(1) Market barriers

(2) Standards and Interoperability

(3) Safety and Supervision

(4) Others

8. In your opinion, what are the technical risks for Chinese Internet and Information business entering AfCFTA?【More than one choice allowed】

(1) Digital infrastructure divide

(2) Scarcity of network information technicians

(3) There are differences in technical standards

(4) Others

9. In your opinion, what are the social risks for Chinese Internet and Information business entering AfCFTA?【More than one choice allowed】

(1) Cultural conflict

(2) International public opinion

(3) Language differences

(4) Others

10. In your opinion, what are the risks in institutional rules for Chinese Internet and Information business entering AfCFTA? 【More than one choice allowed】

(1) The international high-standard economic and trade rules are not perfect

(2) The legal system is not perfect

(3) The dispute settlement mechanism is not perfect

(4) Others

11. In your opinion, what are the legal risks for Chinese Internet and Information business entering AfCFTA? 【More than one choice allowed】

(1) The legal system is not perfect

(2) There are big differences in legal culture

(3) Insufficient domestic legal protection

(4) Others

12. In your opinion, what are the market risks for Chinese Internet and Information business entering AfCFTA? 【More than one choice allowed】

(1) Foreign exchange restrictions

(2) Interest rate fluctuations

(3) Market monopoly of local business

(4) Others

13. In your opinion, what are the political risks for the Chinese Internet and Information business entering AfCFTA? 【More than one choice allowed】

(1) Political instability in Africa

(2) Corruption in the host country

(3) Intervention by external forces

(4) Others

14. When Chinese Internet and Information business enter AfCFTA, what

are the problems for Chinese Internet and Information business? 【More than one choice allowed】

(1) Lack of transnational business strategy

(2) Ignorance for regional institutional differences

(3) Lack of legal and translation talents

(4) Others

15. When Chinese Internet and Information business enter AfCFTA, what are the problems for local business? 【More than one choice allowed】

(1) Poor technical foundation

(2) lack of credibility

(3) Insufficient social responsibility

(4) Others

附录4：四川省网信企业走进非洲大陆自由贸易区的机遇与挑战访谈提纲

（调研对象：四川省网信企业相关负责人）

尊敬的企业相关负责人：

您好！

我们是电子科技大学西非研究中心团队，拟在相关企业开展此项调研，调研的主要内容：非洲大陆自由贸易区建立背景下，中国互联网信息化行业相关企业"走进非洲"面临的机遇与挑战等情况。请根据企业的实际情况回答此次访谈，感谢您的支持与合作！

电子科技大学西非研究中心团队
2022年2月

备注：

非洲大陆自由贸易区（AfCFTA）：指非洲54个成员国签署成立的自由贸易区，旨在深化非洲经济一体化，其重点行业之一为互联网信息化产业。2019年7月非洲大陆自由贸易区成立，2021年1月自贸区正式启动。

网信企业：包括基础层网信企业（如互联网基础设施企业）、应用层网信企业（如互联网软件企业）、终端层网信企业（如互联网平台企业）。

访谈问题

1. 请问您认为，非洲大陆自由贸易区的建立能为网信企业带来什么机遇？

2. 请问您认为，网信企业走进非洲大陆自由贸易区，在政府网络安全审查方面存在哪些风险？（如数据安全、信息隐私、知识产权壁垒等）

3. 请问您认为，网信企业走进非洲大陆自由贸易区，在跨境支付方面存在哪些风险？（如市场壁垒、标准和互操作性、安全与监督等）

4. 请问您认为，网信企业走进非洲大陆自由贸易区，在技术方面存在哪些风险？（如数字基础设施鸿沟、网络信息技术人员稀缺、技术标准差异等）

5. 请问您认为，网信企业走进非洲大陆自由贸易区，中国投资企业与非洲本土企业分别存在哪些优势和劣势？

附录 5： Interview Questions for Sichuan Internet and Information Business into AfCFTA

（调研对象：肯尼亚网信企业相关负责人）

To Whom It May Concern：

This survey is conducted by the Center for West African Studies (CWAS) of UESTC. This research is part of the 2020 key project of the 13th Five-Year Plan of Social Science of Sichuan Province. The project aims to highlight how Sichuan Internet Business can take the opportunity of the AfCFTA ratification. The title of the project is： *The research on Sichuan Internet and Information Business into AfCFTA： Opportunities and Challenges* (Project No.： SC20A005). No private information is to be released. All responses collected from this survey will be strictly confidential and stay anonymous. Information collected will be treated confidentially.

Thank you for your support and cooperation!
Research Team of CWAS of UESTC
February 2022

Notes：

AfCFTA (African Continental Free Trade Area)： refers to the free trade area signed and established by 54 African member states, aiming to deepen the economic integration of Africa, and one of its key industries to be developed is the Internet information industry. The African Continental Free Trade Area was established in July 2019, and the Free Trade Area was officially launched in January 2021.

Internet and Information business: The project has classified the companies into three:

iv. Basic layer network information business (such as Internet infrastructure business)

v. Application layer network information business (such as Internet software business)

vi. Terminal layer network business (such as Internet platform business).

Questions for Interview:

1. In your opinion, what opportunities will the establishment of AfCFTA bring to Internet and Information business?

2. What risks of government cybersquatting will be faced when Chinese Internet and Information business enter AfCFTA? (Such as data security, information privacy, intellectual property barriers, etc.)

3. What risks are involved in cross-border payments for cybersecurity when Chinese Internet and Information business enter AfCFTA? (Such as market barriers, standards and interoperability, security and regulation, etc.)

4. What do you think are the technical risks of cybersecurity when Chinese Internet and Information business enter AfCFTA? (Such as the digital infrastructure gap, scarcity of network and information technicians, differences in technical standards, etc.)

5. What are the advantages and disadvantages that await Chinese Internet and Information business and African local business when they seek partnership due to AfCFTA?

后　　记

在本书的撰写过程中，笔者得到了多方支持。首先，本书的撰写得到了电子科技大学哲学社会科学繁荣计划（项目号：Y0301909990100604）的大力支持。其次，感谢电子科技大学西非研究中心学生团队成员杜莹、孟雅琪、黄锐、余曼靖、王昆莉，她们在本书的撰写过程中进行了资料收集与整理；同时也感谢学生团队成员林子涵、孙恬甜、罗爱玲、杨永星、张悦、王思琪等对本书的核对。最后，特别感谢加纳中华工商总会会长唐宏先生对调研组在数据收集与统计过程中提供的帮助。笔者水平有限，书中难免存在不妥之处，敬请各位专家和广大读者批评指正。

赵蜀蓉

2023 年 10 月 11 日